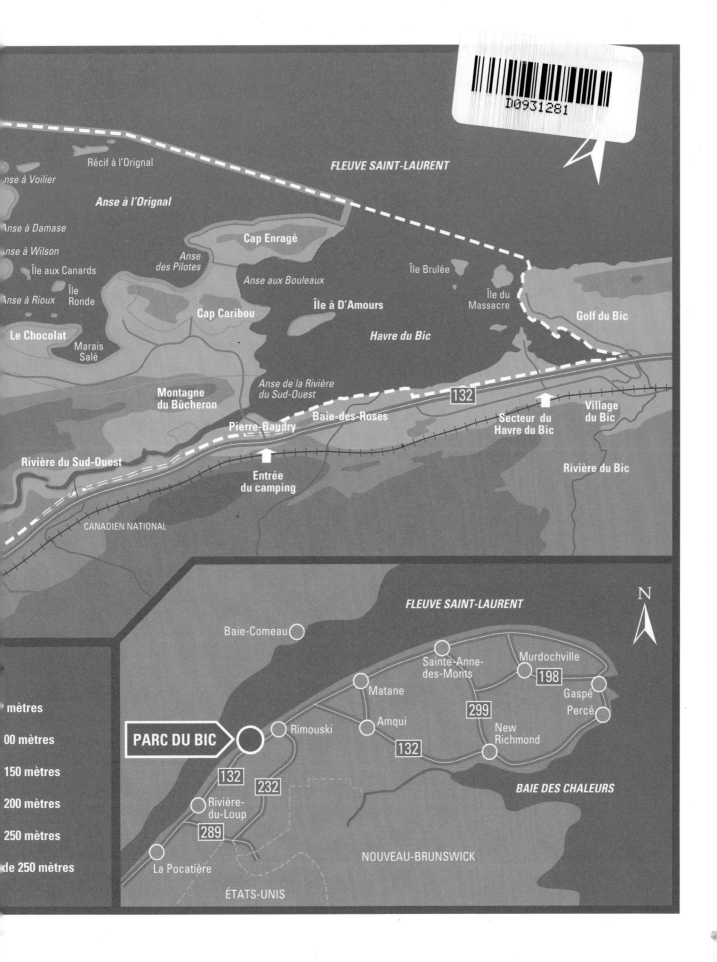

FLEUVE SAINT-LAURENT

Récif à l'Orignal

Anse à Voilier

Anse à l'Orignal

Cap Enragé

Anse à Damase

Anse
des Pilotes

Île Brulée

Anse à Wilson

Île aux Canards

Anse aux Bouleaux

Île
Ronde

Île du
Massacre

Anse à Rioux

Île à D'Amours

Cap Caribou

Golf du Bic

Le Chocolat

Havre du Bic

Marais
Salé

Anse de la Rivière
du Sud-Ouest

Montagne
du Bûcheron

132

Baie-des-Roses

Secteur du
Havre du Bic

Village
du Bic

Pierre-Baudry

Rivière du Sud-Ouest

Rivière du Bic

Entrée
du camping

CANADIEN NATIONAL

FLEUVE SAINT-LAURENT

N

Baie-Comeau

Sainte-Anne-
des-Monts

Murdochville

198

Matane

Gaspé

299

Percé

mètres

Amqui

00 mètres

New
Richmond

150 mètres

PARC DU BIC

Rimouski

132

200 mètres

132

BAIE DES CHALEURS

250 mètres

232

de 250 mètres

Rivière-
du-Loup

289

NOUVEAU-BRUNSWICK

La Pocatière

ÉTATS-UNIS

Le parc du Bic

Le parc du Bic

159592

Daniel Fortin
Louis Belzile

ÉDITIONS DU TRÉCARRÉ

Remerciements

Nos remerciements s'adressent en premier lieu à Monsieur Robert Castonguay, le premier directeur du parc du Bic, et à ses successeurs, Messieurs Gaston Dionne, Roger Joannette et Michel Bélanger.

Nous témoignons notre vive gratitude à toutes les personnes qui se sont consacrées à mettre le parc en valeur, en particulier les scientifiques, les interprètes et les gardiens du territoire. Nous transmettons un merci très chaleureux aux animateurs qui ont participé à la rédaction du programme d'interprétation 1994, Mesdames Sylvie Archambault, Janique Bernard, Gisèle Gagné, Hélène Lavoie, Sylvie Ryan, Louise Tremblay et Messieurs Camil Langlois et Gérald Rousseau, ainsi qu'à Madame Marlène Dionne et Monsieur Pierre Lavoie qui ont contribué, par leurs observations, à perfectionner la connaissance de ce territoire.

Nous réservons une pensée fort amicale au personnel de la colonie de vacances du cap à l'Orignal, en particulier à son directeur, Monsieur Berthier Deschênes, pour l'accueil plein d'amabilité réservé à Daniel Fortin et pour les facilités dont il a bénéficié lors de ses séjours au parc du Bic.

Nous tenons enfin à souligner affectueusement le soutien indéfectible que nous avons reçu de nos conjointes respectives, Louise Turgeon et Francine Brisson, ainsi que la patience dont elles ont été prodigues.

Sans les conseils, les recherches, l'aide et l'appui des uns et des autres, sans les trésors de leurs connaissances, jamais cet ouvrage n'aurait pu voir le jour.

À la mémoire de Francis Bélanger, photographe de grand talent et observateur passionné de la faune du Parc. Que son âme repose en paix pour l'éternité...

À nos parents qui, en nous apprenant à respecter cette Terre qui nous fait vivre, nous ont fait comprendre qu'elle nous a été léguée par nos ancêtres pour que nous la cédions à nos enfants.

Conception graphique et infographie
Diane Parenteau et Arto DoKouzian, Design Copilote

Illustrations
Arto DoKouzian

Révision linguistique
Marie Rose Vianna

Crédits photographiques
Francis Bélanger : page 52, 54, 55 en haut, 56, 58, 59 en haut, 60, 61 en haut à gauche, 62 en haut, 63, 64 en bas
Jean-François Hamel (SEVE) : page 39
Ministère de l'Environnement et de la Faune : page VI
Daniel Fortin et Louis Belzile : autres photos

© Éditions du Trécarré 1996
Le Parc du Bic

ISBN 2-89249-661-6

Dépôt légal 1996
Bibliothèque nationale du Québec

Éditions du Trécarré
Saint-Laurent (Québec) Canada

IMPRIMÉ AU CANADA

Table des matières

*Sornette ou légende, ce n'est pas moi qui l'ai
inventée, c'est celui qui me l'a contée.*

Introduction

« À l'époque de la création, Dieu ayant fait les montagnes, chargea un ange d'aller les distribuer sur toute la surface de la Terre. Arrivé à Bic, terme de son voyage, son manteau pesait encore lourdement, l'ange fit alors ce que nous aurions fait nous-mêmes en pareille circonstance ; en tournant son manteau, il le secoua vigoureusement, c'est pourquoi, dit-on, il y a tant de montagnes au Bic. » (Légende tirée du livre de l'abbé Michaud, *Les Étapes d'une Paroisse*, 1925.)

Le parc de conservation du Bic est un territoire exceptionnel qui offre aux touristes et aux amateurs de sciences naturelles un milieu où se fondent la terre, la mer et le ciel. Établi officiellement en 1984, le parc est représentatif de cette région naturelle du Québec qu'est le littoral sud de l'estuaire. C'est une étroite bande côtière qui s'étend de Montmagny à Sainte-Anne-des-Monts et se caractérise par un relief en terrasses, ponctué de quelques barres rocheuses et traversé par de petites rivières à faible débit.

Bordant la région sur toute sa longueur, l'estuaire du Saint-Laurent a une influence marquée sur la physionomie du territoire dont il modifie les formes et rarifie ou avantage certaines espèces floristiques et fauniques. La présence du fleuve et celle d'un chapelet de petites îles sont propices à la nidification d'un très grand nombre d'oiseaux aquatiques. Les vastes estrans se couvrent d'une végétation typique que l'on nomme marais à spartine, tandis que les barres rocheuses abritent d'anciens marais littoraux qui se sont transformés en tourbières.

Les massifs montagneux du parc du Bic, plus élevés que la moyenne de ceux de la région naturelle, et sa côte beaucoup plus découpée que le reste du littoral donnent au paysage son caractère original. L'alternance de caps et de pointes rocheuses ponctués de baies protégées et d'anses constitue, avec les îlots et les récifs, un endroit unique que la mer façonne sans arrêt.

Sur le territoire même, une flore particulière, dont certaines plantes sont endémiques, une petite colonie de phoques gris et de phoques communs ainsi que des éléments de nature historique et archéologique justifient amplement sa vocation de parc de conservation.

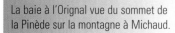
La baie à l'Orignal vue du sommet de la Pinède sur la montagne à Michaud.

À une centaine de kilomètres de Rivière-du-Loup et à moins de 20 km de Rimouski, le parc du Bic s'étend sur une fraction du littoral sud de l'estuaire, entre Saint-Fabien-sur-mer et le village du Bic à l'ouest. De sa superficie totale de 33,2 km², 18,8 km² sont résolument terrestres et 14,4 km² sont considérés comme marins parce que recouverts par les eaux de l'estuaire en temps normal ou par marée haute. À vol d'oiseau, une longueur maximale de 14,1 km sépare les extrémités est et ouest ; la largeur maximale atteint 4,64 km entre la pointe du cap à l'Orignal et la route 132 qui longe la partie méridionale. Son territoire renferme quelques îles ou îlots aux noms évocateurs tels l'île aux Canards, l'île Ronde, l'île à D'Amours, l'île Brûlée et l'île du Massacre. L'île à D'Amours, la plus grande du parc (0,1 km²), est enclavée dans le havre du Bic.

La situation géographique

La rive rocheuse de la baie du Ha ! Ha !

Une légende raconte qu'avant la construction de la route, une femme portant son enfant voulait se rendre à Rimouski en passant par le rivage de la baie du Ha ! Ha ! À la marée montante, au cap à l'Orignal, elle s'agrippa au rocher mais échappa son enfant qui disparut dans les flots. Alors que la malheureuse suppliait la mer de lui rendre son enfant, elle entendit des Ha ! Ha ! sortant de l'onde. Le lendemain, alors qu'il faisait beau temps, on entendait encore des Ha ! Ha ! au rythme d'une berceuse. C'était les vagues qui endormaient son enfant.

C'est à Samuel de Champlain que nous devons le nom de Bic. Au printemps de 1603, Champlain mouille dans ce qui est aujourd'hui le havre du Bic et baptise du nom de « Pic » le massif rocheux qui se dresse devant lui. Quelques années plus tard, il se ravise et il écrit en 1613 : « De sainct Barnabé au Bic, il y a quatre lieues, c'est une montagne fort haute & pointue... elle est seule de ceste hauteur, au respect de quelques autres qui lui sont proches. »

Ce transfert de termes proviendrait, selon l'ethnologue et botaniste Jacques Rousseau, du mot français « bec » et de la variante « biec » qui signifiait pointe ou pic.

Ce toponyme a été longtemps utilisé pour désigner la région. Le territoire non concédé pendant le Régime français entre la seigneurie du Bic et celle des Trois-Pistoles, à l'est, c'est-à-dire les municipalités actuelles de Saint-Fabien et de Saint-Simon, se nommait le « Bic aux Trois-Pistoles » ou « Long-Bic ». Avec la constitution des municipalités de Bic, le 1er juillet 1845, et de Saint-Fabien, le 1er juillet 1855, le nom de Bic reprend sa fonction actuelle qui est de désigner la paroisse du Bic, et Saint-Fabien adopte le nom de Saint-Fabien du Ha ! Ha ! ou Saint-Fabien de la baie du Ha ! Ha ! par analogie avec la seigneurie de la baie du Ha ! Ha !, autre nom de la seigneurie Nicolas-Rioux concédée en 1751.

Regard sur le territoire

Le domaine du parc du Bic, avec son relief de « troupeau » de collines abruptes parallèles à l'estuaire, est la partie culminante d'un chaînon côtier formé principalement de roches sédimentaires fortement plissées, faillées et diaclasées par suite du glissement des plaques continentales. L'orogénèse (origine du relief de la croûte terrestre) du plus vieil élément des Appalaches date de 450 millions d'années. Ce chaînon côtier, quoique aplani sous l'effet d'une très longue période d'érosion, prend l'aspect de terrasses marines ou marais ponctués de crêtes et d'îles rocheuses dans la région de Kamouraska. Ces îlots rocheux s'allongent en barres parallèles à Rivière-du-Loup, puis s'élèvent à Trois-Pistoles et Saint-Simon pour culminer et se morceler au Bic. Le rocher Blanc, à Rimouski, marque la fin de ce chaînon côtier pour le Bas-Saint-Laurent. Vers l'est, ce même chaînon réapparaît à la pointe Mitis et aux Boules.

Le milieu physique

Le parc du Bic renferme toutes les caractéristiques de cette région naturelle. Ses longues crêtes parallèles, dont le versant nord est plus abrupt que le versant sud, s'illustrent par des surplombs variant de 20 à 120 m et un point culminant de 346 m au pic Champlain. L'action conjuguée des agents d'érosion anciens, des glaciers et des mers, qui se sont succédé, ont laissé des traces sur le littoral actuel du Bic. Cet alignement de crêtes composées de conglomérats, de grès et de pelites* a entraîné la formation d'accumulations littorales sous la forme de plages et de crêtes de plages, d'isthmes plats dits tombolos, de flèches littorales, de queues-de-comètes et de marais littoraux ainsi que des formes d'ablation telles les falaises, les baies, les anses, les îles et les pointes rocheuses.

---

* Pelite : roche sédimentaire formée d'argile et de limon.

De l'îlet au Flacon, une vue de la montagne des Moutons.

En raison de la superficie assez restreinte du territoire, l'écart d'altitude enregistré entre 0 et 346 m est assez spectaculaire. Le massif le plus imposant est constitué par les Murailles dont fait partie le pic Champlain ; ce massif s'étire vers l'est avec la Citadelle et la montagne du Bûcheron. En parallèle, bordant l'estuaire, se dressent de nombreuses collines rocheuses. De l'ouest vers l'est, on pourra observer du belvédère du pic Champlain, la montagne des Moutons, la montagne à Michaud, le cap à l'Orignal, le mont Chocolat, le cap Caribou et le cap Enragé.

Environ 40 % de la superficie terrestre du parc se situe à une altitude inférieure à 50 m ; c'est le cas des abords du lac à Crapauds, de l'embouchure de la rivière du Sud-Ouest, des tombolos du cap Enragé et du cap à l'Orignal, tout le secteur autour du cap à l'Orignal et de la baie du Ha ! Ha ! ainsi que les abords du mont Chocolat.

Le climat de la région

L'estuaire du Saint-Laurent joue ici un rôle important. Cette grande masse d'eau retarde et atténue les rigueurs de l'hiver, alors qu'au printemps le processus inverse s'observe. L'été, l'estuaire tempère les fortes chaleurs continentales. On compte de 120 à 140 jours consécutifs sans gel, soit l'équivalent des conditions climatiques de la ville de Québec.

La brume dénature notre perception du paysage.

La température moyenne annuelle varie de 2,5 °C à 5 °C; janvier est le mois le plus froid (-12 °C en moyenne) et le plus chaud est le mois de juillet (17,4 °C en moyenne).

L'écart entre la température terrestre et celle des eaux de l'estuaire suscite de fréquentes nappes de brouillard qui s'adossent à la côte et contribuent ainsi au refroidissement du territoire.

Les vents d'ouest dominent (53 %) surtout en été, suivis des vents du nord-ouest (13 %) et de l'est (12 %).

Le réseau hydrographique

La rivière du Sud-Ouest traverse la portion sud du territoire sur 5 km. En amont, sa course débute à la décharge du Petit lac Saint-Simon, à 20 km de la limite du parc. Elle irrigue beaucoup de terres agricoles aux alentours de Saint-Fabien, puis se jette dans l'anse de la rivière du Sud-Ouest.

Bien qu'elle ne circule pas dans les limites du parc, la rivière du Bic jette ses eaux douces dans le havre du Bic, modifiant par le fait même la composition de cet habitat.

À l'intérieur du parc, il existe un petit lac peu profond en voie d'eutrophisation – phénomène d'accumulation de matières organiques en putréfaction qui désoxygène l'eau –, et donc pratiquement stérile, qui porte le nom de lac à Crapauds.

Au printemps, l'eau de la fonte des neiges gonfle le débit de la chute de la rivière du Sud-Ouest.

Île du Bic

Située en face du cap à l'Orignal, visible par beau temps du belvédère du pic Champlain, cette île est longue de 4,8 km et large de 1,6 km.

Jacques Cartier, lors de son deuxième voyage en 1535-1536, la nomme «Ysleaux Sainct Jehan»; en 1543, elle sera rebaptisée île Raquelay par Jean Alphonse de Saintonge, mot qui vient probablement de «racquel» et signifiant l'accueil.

Elle fut le théâtre de maints naufrages, dont celui du père Boucher, en 1676, qui en parle dans une «Relation des Jésuites» sous le nom de «l'isle du Bik».

Cette île a servi de lieu de halte pour les Amérindiens et les missionnaires qui se déplaçaient entre les deux rives en canot ainsi que de lieu de ralliement et d'abri pour les navires marchands et militaires. Entre 1762 et 1905, elle fut la station de pilotage des bateaux remontant le fleuve.

Au nord-ouest de l'île du Bic, se trouve la petite île Bicquette; cette dernière fait partie d'une réserve nationale de faune et constitue un site important de nidification de l'eider à duvet.

La montagne à Michaud

La montagne à Michaud doit son nom à la famille Michaud (de François-Régis, Hypolite, Arsène puis Adrien Michaud), qui a habité ce secteur entre 1850

À l'échelle chronologique humaine, la topographie d'un territoire naturel ne semble guère évoluer. Pourtant, les sciences de la Terre révèlent que l'histoire de notre planète a été le témoin de transformations importantes de la croûte terrestre : les continents se déplacent, des chaînes de montagnes naissent puis s'érodent, des mers se créent puis disparaissent, des fleuves creusent leur lit ou changent de parcours, le littoral marin se modifie, etc. Ces phénomènes géologiques sont à peine perceptibles pour nous et pourtant leurs manifestations sont inscrites dans le paysage environnant. Ce monde fascinant est heureusement accessible à ceux et à celles qui se donnent la peine de le découvrir...

Des montagnes surgies de la mer

Tel un corps vivant, notre Terre, constituée d'un noyau, d'un manteau, d'une écorce terrestre et d'une atmosphère, se métamorphose. Des transformations considérables se sont opérées à la surface, dues en grande partie aux déplacements de plaques continentales. La mobilité de ces plaques est responsable de la dérive des continents et de l'édification des chaînes de montagnes.

Au cours de son histoire géologique vieille de plusieurs milliards d'années, il semble qu'à plusieurs reprises un supercontinent ait soudé entre elles toutes les terres émergées, puis se soit fragmenté en donnant chaque fois naissance à un océan.

Il y a 700 millions d'années, le déplacement des plaques tectoniques a donné naissance à un océan aujourd'hui disparu, la mer *Iapetus*. La genèse des formations rocheuses du parc du Bic débute dans les profondeurs de cet océan qui bordait le Bouclier laurentien (formation rocheuse très ancienne qui se dresse sur la rive nord du fleuve Saint-Laurent).

Pendant des millions d'années, cette mer a accumulé les argiles, les limons, les sables, les cailloux et les galets des formations rocheuses et des « terres » qui

Les Murailles

Les Murailles se dressent presque à la verticale à l'ouest du parc du Bic ; vue du large, la falaise ressemble effectivement à une muraille d'où son nom. Ces parois culminent au pic Champlain à 364 m d'altitude.

Entre l'anse à Rioux et la baie du Ha ! Ha ! nous observons un vaste espace plane qui fut autrefois une queue-de-comète qui a évolué vers une plage, puis un isthme.

encadraient ses berges ; à ce mélange de matériaux détritiques plus ou moins grossier, souvent remanié, s'est incorporé un matériau dérivé de la précipitation chimique ou biochimique des sels en suspension dans l'eau de mer, ainsi que les résidus de l'activité organique au sein de cette mer. Cette dernière source de sédiments constitués par le dépôt des squelettes et des coquilles des organismes marins morts qui vivaient dans la mer *Iapetus* a été particulièrement abondante le long de la côte du Bouclier laurentien. L'épaisseur des dépôts sédimentaires a atteint en certains endroits des milliers de mètres. Sous l'effet de la compaction et de la pression, ces sédiments se sont transformés en roches nommées aujourd'hui pelites (argiles et limons), grès (sables) ou conglomérats (sables, cailloux et blocs).

Il y a 450 millions d'années, les deux continents qui bordaient la mer *Iapetus* se sont rapprochés, comprimant dans un gigantesque étau les roches sédimentaires nouvellement formées, les soulevant d'abord, et les plissant ensuite jusqu'au chevauchement de certaines couches. Le relief des crêtes côtières du Bic laisse entrevoir ce phénomène de plissement des couches de roches sédimentaires. Ces premières montagnes correspondent au plus ancien stade des Appalaches et leurs

Formation des Appalaches.

vestiges caractérisent le paysage du Bic. Les montagnes originelles furent aplanies au cours d'une très longue période (plus de 200 millions d'années d'érosion) et contribuèrent à alimenter en sédiments les formations rocheuses d'éléments plus récents des Appalaches.

Les reliefs initiaux ont été décapés de plusieurs milliers de mètres de roches. Au cours de ces millions d'années, il s'ensuivit des fluctuations importantes du niveau marin et des périodes de glaciation qui ont profondément altéré le paysage.

Au début de l'ère quaternaire, il y a 1 800 000 années, quatre périodes de refroidissement climatique ont déclenché autant d'ères de glaciation sur le nord du continent américain. Nous ne possédons des données relativement précises que sur la dernière glaciation dite Wisconsin; celle-ci aurait débuté il y a environ 73 000 ans (voir le tableau 1). Les glaciers, dont quelques-uns se sont formés au cœur du Québec, se déplaçaient dans un axe nord-sud.

Extension maximale des glaciers lors du Wisconsin.

Tableau 1

Phase glacio-marine (dernière glaciation)

73 000 ans

Au cours de la dernière glaciation, il y a environ 73 000 ans, un énorme glacier est né au cœur du Québec et se serait déplacé, par accumulation de la glace, vers le sud. Il aurait recouvert toute la région du Bic d'une couche épaisse d'au moins 1 000 mètres. Sous le poids de cette masse de glace, le continent s'affaisse.

14 000 ans

L'élévation de la température à cette époque entraîne la fonte du glacier ; celui-ci retraite. La libération des eaux de fonte envahit la région de l'est du Québec et prend le nom de mer de Goldthwait. La ligne des eaux de cette mer se situe à 155 m au-dessus du niveau actuel.

12 500 ans

Libérée du poids de la glace, la croûte terrestre se relève assez rapidement au début, puis plus lentement, en provoquant progressivement le retrait de la mer.

12 000 à 10 000 ans

Le niveau de l'eau varie de 75 à 90 m au-dessus du niveau actuel (stade Price).

10 500 ans

Une végétation de type toundra s'installe sur les terres émergées.

10 000 à 8 500 ans

Le niveau de l'eau varie de 24 à 30 m au-dessus du niveau actuel (stade Bic). Les premiers Amérindiens s'installent dans la région.

8 500 ans

Une forêt coniférienne s'installe sur les terres.

8 000 ans

Le niveau de l'eau varie de 11 à 13 m au-dessus du niveau actuel (stade Tombolo).

2 000 ans

Le niveau de l'eau varie de 3 à 6 m au-dessus du niveau actuel (stade Mitis).

2 000 ans à aujourd'hui

Le niveau de l'eau varie de 0 à 3 m au-dessus du niveau actuel (stade Rimouski). Le paysage terrestre s'élève de 2 mm par an, soit 20 cm par siècle.

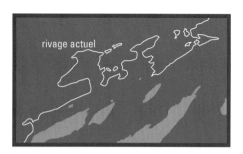

Invasion marine maximum (155 m)
ca 13 000 ans AA.

Niveau marin à 80 m
ca 10 000 ans AA.

Émersion de la terrasse de Bic (15-20 m)
ca 7 000 ans AA.

Au Bic, l'avancée du glacier, dont l'épaisseur aurait atteint 2 000 m, s'opéra à partir du nord et suivit perpendiculairement le relief. Cependant, son action érosive ne s'accentua réellement que lorsqu'une partie de sa masse s'écoula dans l'axe du fleuve. Les crêtes des collines et les affleurements rocheux furent modelés et adoucis par l'abrasion de cette masse de glace en mouvement ; le surcreusement et l'élargissement de vallons littoraux préexistants, comme la baie du Ha ! Ha !, se manifestèrent également.

Cette masse de glace d'ampleur continentale mobilisa une grande quantité d'eau dont le poids fit s'enfoncer les côtes du Saint-Laurent.

Lors de la disparition des glaciers, il y a 14 000 ans, les côtes de l'estuaire du Saint-Laurent furent noyées par les eaux de la mer de Goldthwait. Bien que la croûte terrestre commençât à s'exhausser (se relever), les rivages marins se retrouvèrent à 155 m approximativement au-dessus du niveau actuel de la mer. De nos jours, ce phénomène se poursuit à un rythme d'environ 2 mm par an, ou 20 cm par siècle.

Le paysage de cette époque avait un tout autre aspect ; le cap Enragé, le cap Caribou et la montagne à Michaud étaient alors complètement immergés. Le pic Champlain et le sommet de la Citadelle émergeaient et formaient des îles séparées. La vallée de la rivière du Sud-Ouest constituait, entre 13 000 et 9 000 avant notre ère, un bras de mer. Sous l'effet du relèvement de la plaque continentale, la mer se retira peu à peu, laissant derrière elle des sédiments sablonneux relativement fins et de drainage satisfaisant pour l'agriculture. Ces dépôts ont pris la forme de vastes terrasses et ont permis le développement d'une agriculture fort active dans la région

Du pic Champlain, un aperçu des terrasses sablonneuses de Saint-Fabien ; tout le creux du vallon fut autrefois recouvert par un bras de mer.

de Saint-Fabien. La régression marine a laissé d'autres traces visibles : deltas, plages de sable, tombolos et tourbières.

L'existence d'une vaste tourbière en exploitation au sud du pic Champlain est le résultat d'une topographie particulière et du retrait de la mer de Goldthwait. Dans cet ancien bras de mer, le fond a été tapissé d'une couche sédimentaire imperméable composée d'argiles entraînées par l'eau de fonte du glacier. À l'époque du retrait de la mer, l'eau resta emprisonnée dans cette grande cuvette encadrée par les terrasses de Saint-Fabien et les Murailles. Il y a 7 000 ans, en marge de cette étendue d'eau, certaines plantes herbacées aquatiques se développent : *Carex*, joncs, nénuphars, etc., qui permettent la fixation de la sphaigne vivante (*Sphagnum*). Les sphaignes flottent, prospèrent en formation dense et produisent un tapis de plus en plus épais, puis elles meurent et se décomposent très lentement dans ce milieu au climat froid et humide où l'eau circule peu ou stagne. Les couches de sphaignes mortes s'accumulent sous l'eau et finissent par former un dépôt de plus en plus dense de matières organiques. La tourbière de Saint-Fabien aurait une épaisseur de 10 m. Un échantillon de tourbe provenant de la base de la tourbière de Saint-Fabien en contact avec le substrat argileux qui tapisse l'ancien bras de mer, a révélé, après analyse au carbone 14, un âge de 6 900 ans + 120 ans.

Dans les limites du parc, il existe une vieille tourbière en voie de céder la place à une forêt coniférienne, signe de son stade ultime d'évolution. Cette tourbière est difficilement accessible, car aucun sentier balisé n'y conduit. Elle se situe entre la montagne du Bûcheron et le cap Caribou, du côté ouest de la route n° 1.

L'exploitation de la tourbe sur la face sud des Murailles indique la présence d'un ancien lac formé lors du retrait du bras de mer il y a 7 000 ans. Les tourbières se forment lorsque les conditions du milieu favorisent l'accumulation de la matière organique plutôt que sa décomposition. Ces conditions se retrouvent principalement sous des climats froids et humides ou sous des dépressions où l'eau se draine mal ou pas. C'est la saturation en eau froide qui réduit le travail des micro-organismes responsables de la décomposition de la matière organique.

Les feuilles, les tiges et les racines des sphaignes (*Sphagnum*), plantes qui colonisent ces milieux, se déposent au fond et se décomposent partiellement pour former la tourbe. Cette dernière, lorsque récoltée, est utilisée en horticulture sous le nom de « mousse de sphaigne » pour amender les sols pauvres en matière organique ou trop secs.

Le champ de tourbe est d'abord défriché des arbres et des arbustes existants, puis hersé avant que la tourbe fragmentée soit pompée par un énorme aspirateur.

Les montagnes et les caps de la région du Bic sont constitués de roches sédimentaires datant des périodes cambrienne et ordovicienne. Les sédiments qui les forment sont âgés de plus de 500 millions d'années. Les formations rocheuses du parc sont le résultat d'un très long processus de transformation. C'est l'érosion de la roche mère du Bouclier laurentien qui a servi de genèse aux dépôts sédimentaires. Pendant des millions d'années, le matériel érodé dérive et s'accumule au fond de la mer *Iapetus*, en bordure du Bouclier laurentien, pour former des couches de sédiments profondes de milliers de mètres. Ces matériaux meubles aux fragments plus ou moins grossiers ou plus ou moins fins s'amalgament sous une très forte pression en matière solide. La présence d'une forte proportion de calcaire dans les roches du Bic s'expliquerait par l'effondrement d'une ancienne plate-forme d'invertébrés marins à squelette minéralisé dont les débris se sont incorporés aux sédiments.

De la roche recyclée

En période d'eau étale, on peut observer le dépôt des argiles et des limons. Ces fines particules arrachées au continent demeurent longtemps en suspension dans l'eau agitée, puis se déposent en eau calme. Après une très longue période (plusieurs centaines de millions d'années), elles durcissent et donnent naissance à des argiles litées que l'on nomme pelite.

La pelite est le résultat de l'argile déposée au fond d'une ancienne mer.

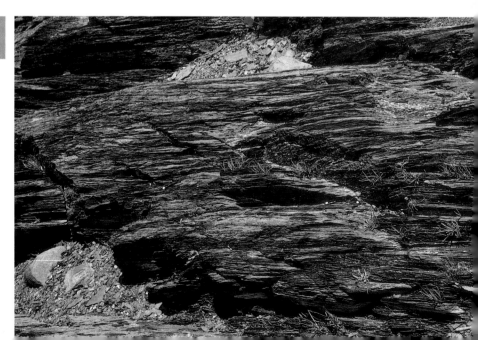

Le grès est une forme solidifiée de particules sablonneuses.

Dans les eaux plus agitées s'accumulent les sables qui après compaction formeront le grès. Enfin, dans les eaux turbulentes, s'amoncellent des sables grossiers, des cailloux et des galets de dimensions diverses ; une fois cimentés avec le calcaire des sédiments, ils se transforment en conglomérats.

Comme le calcaire des conglomérats se dissout facilement sous l'action de l'eau salée et froide, on peut sans peine observer des alvéoles de dissolution sur ces roches situées en bordure de la mer.

Le conglomérat résulte d'un amoncellement de sables grossiers, de cailloux et de calcaire provenant des coquilles des invertébrés qui vivaient au fond d'une ancienne mer, nommée *Iapétus*.

Les blocs érodés de granit qui jonchent la côte proviennent du Bouclier canadien situé de l'autre côté de l'estuaire et ont été transportés par les glaciers.

Résultant de la gélifraction, de gros blocs de grès se fractionnent et se détachent de la paroi rocheuse pour s'échouer sur la berge.

Une lutte incessante

En de nombreux endroits, les caps et les falaises du territoire s'avancent dans l'estuaire et subissent l'assaut presque continuel de la mer. Entre l'élément liquide et l'élément solide, l'affrontement tourne toujours à l'avantage du premier. Imperceptiblement, mais inexorablement, l'eau attaque la roche pour ensuite participer au transport et à l'accumulation des matériaux arrachés à la côte.

L'érosion se manifeste sous trois formes principales : l'abrasion, la dissolution et la gélifraction. Comme les roches n'ont pas toutes la même résistance, ces formes d'érosion sont plus ou moins efficaces selon le substrat.

La mer... et la terre

Dans la zone de battement des marées, les vagues chargées de sédiments (sable, argile et galets) se brisent sans arrêt sur la roche en causant à la longue un effet de sablage. Les roches exposées sont lentement rongées et, suivant la grosseur des particules détachées, celles-ci contribuent à l'abrasion ou, lentement charriées vers des zones moins agitées, constituent le matériau de sédimentation. Ce type d'érosion est particulièrement efficace sur les grès qui sont des sables consolidés.

Les eaux calmes de l'anse des Cochons cachent une force considérable qui modèle les côtes et les berges du territoire.

En bordure du marais salé ou de l'île à D'Amours, des plaques de limon colonisées par des spartines sont emprisonnées lors de la formation de la glace au début de l'hiver. Ces plaques sont soulevées et se déplacent à marée haute pour s'échouer sur les rives où l'entrelacement des rhizomes assure le maintien de la plaque de vase.

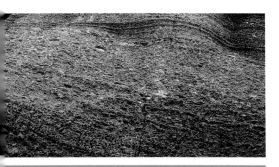

Sur du conglomérat, les vagues dissolvent peu à peu le calcaire, ciment de cette roche, et libère les cailloux et le sable.

Comme nous l'avons mentionné plus haut, les roches du Bic renferment généralement du calcaire, notamment dans les conglomérats ; celui-ci sert de ciment aux cailloux et aux galets qui forment ce type particulier de roche. L'eau de mer et, dans une moindre mesure, la pluie finissent par dissoudre le calcaire qui se décomposera au fil du temps en sels inorganiques ou en substances utilisables par les organismes marins. Par dissolution, le conglomérat perd son « ciment » et se désagrège.

Enfin, la gélifraction est une forme d'érosion caractéristique des côtes des régions tempérées. Elle opère par fragmentation de la roche consécutive à l'alternance de gel et de dégel. L'eau de pluie ou l'eau de mer s'infiltrent dans les fissures ou les cassures de la roche ; par température très froide, l'eau se transforme en glace et, ce

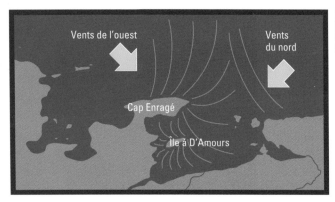

Origine des vagues (vents de l'ouest ou du nord.)

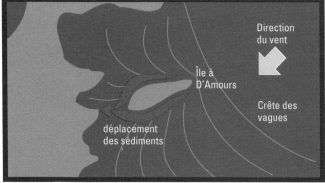

Action des vagues sur la queue-de-comète (île à D'Amours).

faisant, prend de l'expansion en entraînant l'éclatement de la roche. La pelite, abondante dans le parc, présente une structure feuillée, nommée schiste, qui la rend particulièrement vulnérable à cette forme d'érosion, d'où la présence de nombreux parquets schisteux à l'intérieur du territoire.

Un rivage en métamorphose

Tous les matériaux arrachés par l'une ou l'autre forme d'érosion se redistribuent dans les sites abrités, telles les baies, les anses ou les berges d'île ou d'îlot rocheux. Lors d'une excursion sur l'île à D'Amours, il est possible d'observer, surtout à marée basse, une longue bande de sable qui s'étire de l'île en direction de la côte. C'est ce que l'on nomme une queue-de-comète.

Il y a quelques siècles, l'île à D'Amours était totalement isolée de la terre ferme. Le relèvement du plateau de la côte du Saint-Laurent, le charriage des matières érodées (sables fins ou grossiers, limon, argile et petits cailloux) par les vagues et leur dépôt ont donné lieu à la formation de cette queue-de-comète. Celle-ci s'est développée

Une excursion à l'île à D'Amours nous aide à comprendre les mécanismes de l'évolution du rivage ; les amateurs ont intérêt à surveiller les tables des marées s'ils veulent éviter de se mouiller les pieds.

Une partie de la queue-de-comète devient le refuge des oiseaux de mer à marée haute.

parallèlement à la direction de propagation de la houle dominante. La diffraction des vagues s'accomplit de chaque côté de l'île à D'Amours et là où les ondes se rencontrent, on observe le dépôt de matériaux. Avec l'ensablement de la berge située en face, les sédiments issus de l'érosion ont suivi les crêtes des vagues jusqu'à leur dépôt au sud-ouest de l'île. Année après année, ces dépôts se sont accumulés jusqu'à constituer une langue de sable qui demeure exondée, même à marée haute, dans sa partie la plus septentrionale.

La spartine alterniflore (*Spartina alterniflora*) colonise les dépôts argileux en bordure de la queue-de-comète ; elle partage son habitat avec la salicorne d'Europe (*Salicornia europaea*).

La salicorne d'Europe (*Salicornia europaea*), aux tiges charnues et ramifiées, est une plante adaptée à des conditions de haute salinité, caractérisées par une pénurie d'eau douce. Elle manifeste une forme d'adaptation semblable à celles des cactacées et des plantes grasses : réduction de la surface foliaire, épiderme recouvert d'une cire (diminuant l'évapo-transpiration) et tiges charnues gorgées d'eau.

On constate une différence de texture dans l'accumulation des sédiments de cette bande de sable. Au sud-est de la queue-de-comète, là où les vagues sont plus fortes, seuls les sédiments plus grossiers se déposent et sont roulés le long de la langue de sable. Au nord-ouest où l'anse est mieux abritée et l'agitation de l'eau moins violente, seules des particules fines comme l'argile atteignent la flèche de sable, s'y déposent et forment des vases. Dans cette zone plus « calme » sur substrat vaseux s'installent les premières plantes de marais salés, comme la spartine alterniflore (*Spartina alterniflora*) et la salicorne d'Europe (*Salicornia europaea*). Leur établissement va renforcer à la longue la fixation de cette bande de sédiments. Avec l'accumulation de sable, la queue-de-comète se transformera peu à peu en dune, puis en tombolo. D'autres plantes, telles l'élyme des sables (*Elymus arenarius*) et peut-être l'ammophile à ligule courte (*Ammophila breviligulata*), le genévrier commun (*Juniperus communis*) et le genévrier horizontal (*J. horizontalis*) coloniseront le nouvel habitat. Pour l'instant, ce marais salé tout récent, inondé périodiquement par la marée haute, sert d'habitat et de source d'alimentation à de petits crustacés, les gammares. Les marelles qui parsèment cette anse emprisonnent à marée basse de nombreuses épinoches.

À l'intérieur du parc, on découvre des spécimens de tombolos dont les formes, les dimensions et l'âge sont très divers. Le plus ancien est le tombolo de l'étendue du cap à l'Orignal, quoiqu'il serait plus exact en ce cas de parler des tombolos, car plusieurs queues-de-comètes semblent en être l'origine. Cette zone englobe toute la surface comprise entre la baie du Ha! Ha! et la côte est entre l'anse des Cochons et l'anse à Rioux. Ce tombolo est composé de graviers, de granules, de sable grossier et de feuillets de schistes. Les dépôts atteignent 10 m d'épaisseur à certains endroits.

L'îlet au Flacon est rattaché depuis peu au littoral par un tombolo. Le sable s'entasse de part et d'autre, la plupart du temps à l'ouest, par diffraction des vagues au point de rencontre des deux trains d'ondes.

Le tombolo surtout constitué de sable grossier qui relie le cap Enragé au cap Caribou, a une surface moindre que celle du tombolo du cap à l'Orignal. Il se trouve

Le bas de plage de l'anse à Wilson est fréquenté par les baigneurs durant l'été.

à un stade intermédiaire plus évolué que celui de l'îlet au Flacon. L'accumulation de sable prédomine dans l'anse des Pilotes, un milieu protégé, alors que le phénomène de l'érosion est surtout visible à l'anse aux Bouleaux où le littoral est taillé en falaise. La longue plage parallèle à l'anse des Pilotes s'élève graduellement jusqu'à 5 à 6 m du côté de l'anse aux Bouleaux.

En suivant à marée basse la queue-de-comète de l'île à D'Amours, nous pourrons observer une petite plage. C'est la forme d'accumulation littorale la mieux connue et, pour certains plaisanciers, la plus recherchée. L'aspect d'une plage varie en fonction de son environnement immédiat et du type de matériaux charriés par la mer. Cet espace se divise en trois zones distinctes : la partie la plus plane, continuellement soumise au flux et au reflux de la vague, se nomme bas de plage ou estran.

Le haut de plage est la zone inclinée où s'échoue la laisse de mer ; c'est celle que l'on arpente généralement lorsqu'on explore le littoral. Les sédiments de nature plus grossière sont composés de sables, de gravillons, de galets et de cailloux qui font la joie des enfants ravis de les lancer à la surface de la mer.

Surmontant le haut de plage, la crête de plage est une zone où s'accumule du sable transporté par les vents ou les embruns des vagues. Outre les débris de bois et autres déchets souvent en plastique dont il est jonché, ce milieu est colonisé par différentes plantes dont l'élyme des sables, le pois-de-mer (*Lathyrus japonica*), l'armoise de Steller (*Artemisia stelleriana*), la mertensie maritime (*Mertensia maritima*) et la sabline faux-péplus (*Arenaria peploides*).

La crête de plage de l'anse à Wilson est colonisée par deux graminées très courantes en bordure de mer, l'ammophile à ligule courte (*Ammophila breviligulata*) et l'élyme des sables (*Elymus arenarius*).

La gesse maritime (*Lathyrus japonicus*) pousse en abondance sur les rivages maritimes du golfe et remonte profondément dans l'estuaire du Saint-Laurent. Ses fleurs papillonnacées, rose foncé à rouge, égaient les crêtes de plages.

Un milieu grouillant de vie

Le bas de plage est situé dans cette zone intertidale où les vagues déferlent puis refluent. Durant ce va-et-vient, les eaux apportent une multitude d'organismes microscopiques (phytoplanctons et zooplanctons) ainsi que des sels minéraux. En examinant attentivement les sables fraîchement lavés, on distingue de petits orifices circulaires creusés par des organismes marins spécialisés dans le but d'assurer leur respiration ou leur nutrition. Deux vers polychètes (*Nereis virens* et *Nephtys caeca*) et deux mollusques bivalves (*Mya arenaria* et *Macoma balthica*) colonisent les sables vaseux des zones littorales.

Le *Nereis virens* est un ver de mer très fréquent dans les estrans vaseux des anses du parc.

La mye commune (*Mya arenaria*), plus fréquemment appelée *clam*, est probablement le mollusque le plus connu. Ce mollusque fouisseur de la classe des bivalves (deux coquilles ou valves) vit enfoui dans les sables du bas de plage ou les vases de l'estran. Il se nourrit de phytoplancton en suspension dans l'eau par l'intermédiaire d'un siphon formé de deux tubes musculaires. À l'extrémité supérieure, des cils sortent à peine du petit trou que la mye entretient dans le sol ; par leurs battements, ces cils créent un courant qui amène l'eau chargée de nourriture dans le siphon. La mye peut filtrer jusqu'à 54 litres d'eau par jour. À l'autre extrémité de la coquille se situe un muscle appelé pied. Par une série de gonflements et de contractions, ce muscle permet à la mye de s'enfoncer dans les sables fins ou dans la vase. Elle peut pénétrer à une profondeur de 10 cm dans les sédiments. La mye peuple les baies et les estuaires (zones intertidales) jusqu'à une profondeur d'environ 9 m par rapport à la marée haute. Un mélange de sable et de limon semble être le milieu le plus favorable à son établissement.

La mye compte beaucoup de prédateurs dont les canards plongeurs, les cormorans, les goélands, les mouettes, la plie rouge, le flétan et la morue, ainsi que l'étoile de mer et les bigorneaux. Enfin, comme elle est comestible, l'être humain prélève une partie importante de sa population.

Étant un organisme filtreur, la mye risque d'être contaminée par des colliformes fécaux et d'autres micro-organismes planctoniques, notamment le *Gonyolax*. Cette dernière espèce produit une toxine qui ne nuit pas à la mye mais qui peut causer chez l'humain qui la consomme l'intoxication paralysante par les mollusques, une affection parfois mortelle.

Outre la mye, le bas de plage abrite un autre petit mollusque bivalve nommé *Macoma balthica*. Assez semblable à la mye, il se distingue par sa forme sensiblement plus arrondie, moins oblongue et sa taille qui ne dépasse guère 1,5 cm de diamètre. C'est également un mollusque fouisseur mais, contrairement à la mye, il se laisse enfouir à l'horizontale au moment du dépôt de sédiments par les agents de transport. À l'aide de son siphon, il aspire autour de lui les sédiments desquels il prélève les matières organiques. La croissance du *Macoma* augmente en proportion de son taux d'immersion dans l'estuaire du Saint-Laurent. En effet, le diamètre moyen des coquilles des *Macoma* est de 103 mm, à l'âge de 6 ans, dans la strate supérieure de la zone intertidale, comparativement à 143 mm dans la zone inférieure. À certains endroits du littoral, on a relevé une densité moyenne de 1 302 individus par m^3.

La mye commune et la moule bleue peuvent être récoltées dans la baie du Ha! Ha!, l'anse aux Bouleaux et l'anse de la rivière du Sud-Ouest.

Certains des tunnels forés dans les sables ou les vases du bas de plage sont le fait d'un ver de mer, le *Nereis virens*. Ce ver, qui peut mesurer 20 cm de longueur, possède une série de paires de petites pattes; celles-ci facilitent son déplacement et les échanges gazeux. Il est également doté d'une paire de crochets érectiles au niveau de l'orifice buccal qui lui permettent de déplacer les sédiments et de saisir sa nourriture. Il vit dans les sables vaseux des zones littorales et sublittorales des mers et des estuaires des régions boréales et tempérées de l'hémisphère Nord. À maturité, il occupe un terrier permanent approximativement en forme de « U », d'une profondeur de 20 à 50 cm, dont les parois sont généralement recouvertes de mucus. Omnivore, il a une préférence pour la prédation à l'état adulte et se nourrit de la matière vivante enfouie dans les sédiments.

La mye (*Mya arenaria*) vit enfouie dans les sables du bas de plage ou les vases de l'estran. C'est par un siphon que ce mollusque se nourrit de phytoplancton.

La récolte des myes est autorisée dans la baie des Roses et à l'anse aux Bouleaux. Cet organisme filtreur peut être contaminé par des colliformes fécaux et d'autres micro-organismes toxiques; il faut tenir compte des avertissements placardés dans le parc.

Il existe un autre ver marin, le *Nepthys caeca* qui, à la différence du *Nereis virens* au corps brunâtre, est de teinte blanchâtre et n'a ni pattes ni crochets. Plus rare que le précédent, on le trouve surtout dans les sédiments de l'estran plus distants de la côte. Outre ces deux annélidés, on observe également dans les substrats vaseux sablonneux un ver trompette, le *Cystenides gouldi*.

Les nombreux petits sillons rectilignes qui serpentent les vases sablonneuses de l'estran sont le résultat des déplacements des littorines auxquelles on donne aussi le nom d'escargots de mer. Ce sont de petits gastéropodes marins d'environ 75 mm de long chez les espèces les plus communes, et que l'on observe aisément sous les rochers exondés à marée basse.

Dans cet habitat pullulent également de minuscules gastéropodes, les *Hydrobia tottenti*, qui vivent sur les sédiments fins, riches en matières organiques.

Dans le voisinage de la côte rocheuse

La barre rocheuse de la rive nord de l'îlet au Flacon permet également aux visiteurs de se livrer à l'observation des algues marines et de certains organismes marins.

Lorsqu'il se déplace du côté nord de l'île à D'Amours, le visiteur se trouve en présence d'un autre habitat, la côte rocheuse, qui réapparaît d'ailleurs en d'autres lieux à l'intérieur du Parc, notamment à la pointe aux Épinettes, le long de la côte nord de l'îlet au Flacon, le long des côtes de la baie du Ha! Ha! et au sud de l'anse à Wilson. Les blocs de conglomérat qui se sont détachés de la paroi de l'île à D'Amours sont alternativement immergés sous les eaux salées de l'estuaire à marée haute, puis sont découverts à marée basse.

Le littoral est un milieu dont les caractéristiques physiques, notamment sur les côtes rocheuses, se diversifient rapidement selon le gradient d'immersion en eau de mer. Le littoral se partage en trois grandes zones : le supralittoral, le médiolittoral et l'infralittoral.

Le supralittoral se situe au-dessus de la limite des plus hautes marées. Cette zone n'est jamais inondée d'eau de mer et ne reçoit que les embruns salés. Les algues marines en sont absentes, mais des littorines rugueuses du Nord s'aventurent occasionnellement dans cette zone trop aride pour les organismes marins. Par ailleurs, des lichens s'accrochent aux parois des rochers.

Le médiolittoral est la partie du littoral qui subit directement l'assaut du flux et du reflux de la marée ; chaque jour, le médiolittoral est complètement immergé, puis à découvert toutes les 12 heures environ. Dans la partie supérieure du médiolittoral, la période d'immersion est généralement brève, mais elle peut durer la moitié du temps et plus dans sa partie inférieure. Les différents organismes colonisent ce milieu en fonction de leur résistance à la dessication. Outre les algues marines, principalement des *Fucus* et l'ascophylle noueuse (*Ascophyllum nodosum*), on y observe couramment des organismes marins comme les littorines, les patelles et les balanes.

Le *Xanthoria elegans* est un lichen facile à identifier qui macule les rochers d'un coloris orangé.

L'infralittoral prend place sous la limite inférieure des marées les plus basses. Ce milieu toujours recouvert d'eau salée est plus stable relativement à sa température et à son degré de salinité. De nombreuses espèces d'algues y prospèrent et quantité d'organismes marins s'y abritent ou y broutent. Il est d'accès difficile, et les algues ou les organismes marins sont quelquefois arrachés à leur élément et finissent par s'échouer sur le rivage.

Une flore et une faune très diversifiées s'accrochent à la côte rocheuse qui leur sert d'habitat. Une observation attentive permet de distinguer des zones horizontales spécifiques sur les très gros rochers.

Le sommet de ces rochers n'est jamais immergé, bien qu'il soit fouetté par les embruns des fortes vagues. Leur surface est colonisée par différents lichens, notamment le spectaculaire *Xanthoria elegans* qui colore le rocher d'un orange très vif. D'autres lichens croissent sur la roche nue où les températures extrêmes fluctuent au gré des saisons (forte chaleur sous le plein soleil d'été et froid intense en hiver), et où les embruns salés et l'absence de substrat organique infligent un stress hydrique permanent.

Les lichens sont à cet égard des plantes extrêmement résistantes; ces végétaux résultent d'une association entre un champignon et une algue. Cette découverte est relativement récente puisqu'elle date de 1867; c'est le botaniste Simon Schwendener qui révèle ce phénomène biologique peu commun que l'on nomme le «mutualisme». Toutefois, c'est le lichénologue amateur Charles Potter qui démontrera les fonctions symbiotiques des deux organismes: le champignon accumule l'eau et assume la protection des cellules de l'algue pendant que cette dernière, riche en chlorophylle, absorbe le gaz carbonique de l'air et opère la synthèse des éléments minéraux qui entraîne la

Les lichens ne sont pas les seules plantes à coloniser le sommet des rochers exposés; la dryoptère fragrante (*Dryopteris fragrans*) révèle également sa résistance à la sécheresse et aux embruns salés.

Sur les parois des rochers régulièrement submergés se fixent des algues, notamment des *Fucus* et l'ascophylle noueuse, ainsi que des littorines et des patelles.

Les petites littorines ou escargots de mer se nourrissent d'algues microscopiques qu'elles râpent sur les parois des rochers. À gauche, la *Littorina saxatilis* et à droite, la *L. obtusata*.

production de glucides indispensables à la croissance de l'algue et du champignon. Cette symbiose est rendue possible par un réseau de filaments qui enlacent les deux partenaires. Séparés l'un de l'autre, l'algue et le champignon meurent rapidement. À chaque espèce de lichen correspond un champignon spécifique.

On a recensé 154 espèces de lichens sur le territoire du parc du Bic (voir la liste en annexe). Ces végétaux colonisent des milieux souvent ingrats, notamment les parois des rochers exposés ou le tapis des forêts conifériennes. Ce sont des plantes pionnières qui s'établissent directement sur le substrat minéral au moyen d'organes de fixation semblables à de petites racines que l'on nomme des rhizines. Celles-ci produisent des acides qui attaquent le substrat rocheux dont ils détachent à la longue de minuscules particules. Au fil des siècles, ces poussières de roches mêlées aux fragments des lichens morts forment un substrat favorable à l'implantation de mousses ou de plantes herbacées ou ligneuses.

La teneur en eau des lichens peut varier considérablement. En effet, par temps sec, ils deviennent coriaces et fragiles ; par temps humide ou après une pluie abondante, ils reprennent leur élasticité. Le lichen ne possède pas d'organes d'absorption de l'eau. Tout son organisme lui sert à la capter et comme ce végétal inférieur n'a pas de structures internes idoines, la circulation hydrique est presque nulle ; pour s'humidifier, il doit être en contact direct avec l'eau ou une très forte humidité. Les substances minérales nécessaires à sa croissance proviennent des éléments dissous dans l'eau de pluie ou de ruissellement, des sédiments ou des poussières apportées par le vent et de la corrosion du substrat sur lequel il croît.

Sur les parois des rochers régulièrement submergés se fixent des algues du genre *Fucus*, entre autres les *F. edentatus*, *F. evanescens*, *F. spiralis*, *F. vesiculosus*, et l'ascophylle noueuse (*Ascophyllum nodosum*). On trouvera, dans les eaux retenues par les rochers, dans les cuvettes isolées ou sur le sable des plages lorsqu'elles sont arrachées de leur milieu de croissance, la laitue de mer (*Ulva lactuca*) et l'entéromorphe intestinale (*Enteromorpha intestinalis*).

Agrippées aux surfaces également submergées des rochers, parmi les algues circulent des littorines (surtout les *Littorina obtusata* et *L. saxatilis*). Ces petits mollusques à coquille conique, de la classe des gastéropodes, appelés populairement escargots de mer ou bigorneaux, se nourrissent d'algues microscopiques qu'ils râpent sur les parois de leur support. Les littorines peuvent survivre hors de l'eau à l'abri des rayons du soleil ; elles résistent bien à des variations de salinité. Lorsqu'elles se déplacent, les littorines laissent une trace de mucus exsudé par la partie arrière du pied.

Trois espèces vivent dans les eaux littorales. La littorine commune d'Europe (*Littorina littorea*) est une espèce originaire du vieux continent qui fut introduite avant la venue des premiers Européens, probablement sur des billes de bois flottant à la dérive. Cette espèce est dotée d'une coquille spiralée, lisse, de couleur brun grisâtre

La littorine commune d'Europe (*Littorina littorea*) est une espèce d'environ 2,5 cm de longueur à la coquille spiralée, lisse, de couleur brune et marquée de fines spirales noires.

à noirâtre, striée de fines spirales noires. À maturité, la coquille mesure 2,5 cm de longueur. Ce mollusque, qui fréquente surtout le médiolittoral, est récolté pour la consommation locale.

La littorine obtuse (*Littorina obtusata*) porte une petite coquille spiralée d'environ 75 mm de longueur, lisse, de couleur variant du jaune orangé au jaune brunâtre, le plus souvent brun, marqué plus rarement d'une bande jaune. C'est une espèce commune dans le médiolittoral.

La littorine rugueuse du Nord (*Littorina saxatilis*) possède une petite coquille d'environ 75 mm de longueur, à sillons spiralés recouverts de fines stries de croissance. Sa couleur varie de gris à brun, à presque noir. Cette espèce est facilement observable sur les rochers ou les algues de la zone médiolittorale et quelquefois supralittorale.

Des patelles (*Acmea testudinalis*) s'observent assez facilement dans les marelles de la côte rocheuse.

Des patelles partagent cet habitat où elles s'accrochent aux rochers et semblent fixées à demeure. En réalité, ces mollusques à coquille en forme de chapeau chinois, d'environ 2 cm à 2,5 cm de diamètre, dont le pied musculaire doté d'une force exceptionnelle résiste aux fortes vagues et aux plaisantins, se déplacent surtout à marée haute et de nuit. Elles broutent les algues sur les rochers. La seule espèce vivant dans l'estuaire du Saint-Laurent est l'acmée assiette de l'Atlantique (*Acmea testudinalis*). Outre les patelles, on observe des groupements de balanes (*Semibalanus balanoides*). Les balanes sont des crustacés invertébrés de forme conique, d'environ 2,5 cm de longueur et 1,5 cm de diamètre, constitués de six plaques abdominales soudées. Au sommet de ce cône blanc s'ouvre un orifice buccal d'où sortent, lorsque l'eau de mer le recouvre, des appendices qui agissent comme un filet miniature à l'égard des particules nutritives en suspension.

Les balanes (*Semibalanus balanoides*) se fixent sur les rochers régulièrement immergés pour filtrer les particules nutritives de l'eau de mer.

Des gammares, une patelle et un *Macoma baltica* sont réunis pour les besoins de l'identification.

La moule bleue commune (*Mytilus edulis*) est facilement visible sur la surface de l'estran à marée basse. Elle est presque toujours fixée à des rochers ou à du gravier par un faisceau de petits filaments qui porte le nom byssus. Ce système d'ancrage permet à la moule de demeurer dans la zone de battement des marées « nourricières ». Sa coquille d'un noir bleuté porte des stries de croissance très visibles. Cet organisme filtreur forme l'alimentation de base de l'eider à duvet.

Dans les marelles, on observe couramment de petits crustacés brunâtres, les gammares. Vulgairement nommés puces de mer, ils se nourrissent d'algues en décomposition et de crustacés microscopiques. Les gammares nagent sur le côté à l'aide de leurs pattes et en fléchissant le corps. Deux espèces très semblables vivent dans le parc ; le *Gammarus oceanicus* fréquente les eaux de salinité moyenne du médiolittoral alors que le *Gammarus lawrencianus* se complaît dans les eaux de salinité faible du même milieu.

D'autres gastéropodes marins fréquentent les eaux du parc. Le buccin commun du Nord (*Buccinum undatum*) porte une coquille côtelée d'environ 7,5 cm de longueur, qui compte entre 9 et 18 côtes arrondies sur lesquelles se déroulent de fines spirales. La couleur de la coquille varie du blanc crème au brun clair. Ce prédateur vidangeur vit dans l'infralittoral et est donc difficilement observable *in vivo*.

La lacuna commune du Nord (*Lacuna vincta*) est un gastéropode qui vit en eau froide sur les roches et les algues du médiolittoral. Sa petite coquille d'environ 75 mm de longueur, lisse et spiralée, est de couleur ocre brunâtre.

Le pied-de-pélican (*Aporrhais occidentalis*) vit dans les eaux froides, sur fond de vase sablonneuse, à des profondeurs de 20 à 300 m. Il s'enterre juste sous la sur-

Le buccin commun du Nord (*Buccinum undatum*) est rarement observable *in vivo* puisqu'il vit dans l'infralittoral. Sa coquille évidée est quelquefois rejetée sur les plages du littoral.

Les moules bleues (*Mytilus edulis*) s'accrochent à la base des rochers ou sur les cailloux qui tapissent les bas-fonds de l'estran.

À marée basse, la côte rocheuse est un lieu de découverte assez fascinant, car toute une variété d'algues brunes, d'algues vertes et d'algues rouges sont à votre portée ; il faut prendre garde à la remontée de la marée.

face de la vase ; en creusant un petit sillon devant lui, ce gastéropode vidangeur capte l'eau par son siphon et les détritus d'origine animale ou végétale par sa trompe. Sa coquille spiralée d'environ 5 cm de longueur, quelquefois rejetée sur la grève après sa mort, présente de 15 à 25 côtes axiales dont l'ouverture est dilatée en forme d'aile.

S'il est chaussé d'une bonne paire de bottes imperméables, il est quelquefois possible au visiteur de découvrir l'oursin de mer (*Strongylocentrotus droebachiensis*) dans les interstices des blocs rocheux submergés à proximité de l'infralittoral. D'autres organismes marins des hauts fonds de l'estuaire ne sont que très rarement observables, bien que l'astérie à six bras (*Leptasterias polaris*) et l'astérie rouge sang (*Henricia sanguinolenta*), le bernard-l'hermite (*Pagarus bernhardus*), le concombre de mer (*Psolus phantapus*) et certains hydrozoaires fassent à l'occasion la joie des amateurs de plongée sous-marine.

Les algues marines

Sur les parois et les nombreuses cuvettes d'eau de mer de la côte rocheuse, il est assez facile d'identifier un certain nombre d'algues à l'aide d'un bon guide. Ces végétaux croissent et prospèrent sous la limite des plus hautes marées. Certaines espèces sont capables de résister à deux périodes d'immersion et deux périodes d'émersion par jour ; dans ce dernier cas, les algues marines accrochées aux roches sont livrées à la chaleur desséchante du soleil, à la force des vagues, aux vents froids de printemps et d'automne, aux douches forcées d'eau de pluie, à la neige et à l'abrasion des glaces flottantes en hiver. Dans ce milieu, les algues marines sont également livrées à des écarts de salinité, principalement aux embouchures des rivières et dans les cuvettes du bord de mer.

Les algues diffèrent des végétaux dits supérieurs (plantes vasculaires) par l'absence de certains organes spécialisés tels que la feuille, la tige, la racine, la fleur ou le fruit. Les surfaces planes ou divisées des algues sont de fait des concentrations, le plus souvent non différenciées, de cellules individuelles toutes semblables qui leur permettent de fabriquer leur propre nourriture par absorption de la lumière. Comme elles baignent continuellement ou temporairement dans l'eau de mer qui apporte à chaque cellule les sels minéraux indispensables à leur croissance, les algues ne possèdent ni racines absorbantes ni tige renfermant les vaisseaux conducteurs de sève. Elles ont cependant des organes différenciés qui leur permettent de se fixer sur un point d'ancrage et de capter la lumière solaire indispensable au processus de la photosynthèse. Le crampon, bien visible chez les laminaires, leur permet de se fixer sur un substrat, généralement rocheux, alors que le stipe démesuré de la laminaire à long stipe (*Laminaria longicruris*) permet à la fronde de s'élever vers la surface afin de capter

Différentes espèces de *Fucus* et l'ascophylle noueuse colonisent les rochers périodiquement immergés ou la côte rocheuse selon que le site est ou non à l'abri des vagues déferlantes.

L'ascophylle noueuse (*Ascophyllum nodosum*) se distingue des *Fucus* par ses lames aplaties, rubanées, d'un brun kaki et ramifiées ; les flotteurs solitaires occupent toute la largeur des étroites lames.

Le fucus bifide (*Fucus distichus*) se distingue du fucus vésiculeux par l'absence de flotteurs ovales ou arrondis. Chez cette espèce, c'est tout le sommet ramifié de la lame qui est gonflé et sert de «flotteur». Outre l'espèce type, les botanistes reconnaissent deux sous-espèces.

au maximum la lumière solaire. Les *Fucus* et l'ascophylle noueuse portent de petits flotteurs remplis d'air qui les aident à mieux s'étaler lorsque ces algues sont recouvertes d'eau.

Les algues se multiplient de diverses façons soit, chez les espèces les plus primitives, par simple division des cellules, soit, chez les algues plus évoluées, par fusion de gamètes distincts, mâles et femelles. La plupart des algues ont un cycle de reproduction qui s'apparente à celui des plantes terrestres à spores (fougères, prêles et lycopodes) et qui nécessite au moins deux stades de développement : l'individu mature et un sporophyte.

Bien que toutes les algues marines renferment des pigments chlorophylliens, les nombreuses espèces observables dans le supralittoral ou le médiolittoral, tout comme celles qui ont été arrachées à leur point d'ancrage de l'infralittoral ou en bordure de la côte submergée, et ensuite se sont échouées sur le rivage, ne sont pas toutes vertes. D'autres pigments masquent les pigments chlorophylliens ; en effet, les *Fucus*, l'*Ascophyllum*, les *Laminaria* arborent une couleur brunâtre due à la fucoxanthine, ce qui les classe dans les Phaeophycées (algues brunes). La mousse d'Irlande crépue (*Chondrus crispus*) renferme de la phycoérythrine d'où elle tire sa coloration rouge, ce qui la range dans les Rhodophycées (algues rouges). La laitue de mer (*Ulva lactuca*) et l'entéromorphe intestinale (*Enteromorpha intestinalis*) font partie des algues vertes ou Chlorophycées.

Nous l'avons vu plus haut, les espèces du genre *Fucus* et l'ascophylle noueuse (*Ascophyllum nodosum*) sont les algues que l'on retrouve le plus fréquemment sur les parois des rochers périodiquement recouverts par l'eau de mer. Elles se fixent sur le roc suivant une séquence assez bien définie et subordonnée au fait que la paroi du rocher est plus ou moins bien abritée. En milieu protégé, on repère dans la zone supérieure le *Fucus spiralis* qui forme une étroite bande au-dessus de l'ascophylle noueuse ; cette dernière est quelquefois associée avec le fucus vésiculeux (*Fucus vesiculosus*). Dans la zone intertidale inférieure, le *Fucus distichus* subsp. *evanescens* dominera dans le niveau le plus bas.

En situation exposée, le *Fucus spiralis* ne s'installe pas. On observe, dans le niveau supérieur, le *Fucus distichus* subsp. *evanescens* associé avec l'ascophylle noueuse, surtout aux endroits plus abrités, alors que le *Fucus distichus* subsp. *edentatus* domine dans les niveaux inférieur et moyen. Dans les cuvettes rocheuses situées à la limite du médiolittoral et de l'infralittoral, là où l'eau de mer se retire à peine, on pourra observer le *Porphyra miniata*, une jolie algue à la membrane d'un rose délicat, et la laitue de mer, une algue verte comestible, à la mince lame chiffonnée d'un vert tendre. On trouvera également dans ces cuvettes des *Alaria esculenta*, des algues brunes à lames aplaties et allongées, semblables à des laminaires, mais qui s'en distinguent par une «nervure» centrale sur la lame, ainsi que des *Chordaria flagel-*

liformis, *Scytosiphon lomentaria*, *Ectocarpus silicosus* et des algues encroûtantes (algues qui se développent à la surface des rochers immergés).

Dans les cuvettes rocheuses de la partie supérieure du médiolittoral, où l'eau de mer ne se renouvelle qu'à la marée ascendante, on trouvera aussi l'entéromorphe intestinale dit « boyau-de-chat » (*Enteromorpha intestinalis*) et le *Fucus fili-formis*.

Sur les plages ou les roches de la côte gisent de nombreux amas d'algues échouées provenant de l'infralittoral : la laminaire à long stipe (*Laminaria longicruris*) et la laminaire digitée (*Laminaria digitata*), la main-de-mer palmée (*Palmaria palmata*), l'agare criblée (*Agarum cribrosum*), la mousse d'Irlande crépue (*Chondrus crispus*) et bien d'autres encore.

L'agare criblée (*Agarum cribrosum*) est une jolie algue brune, à la lame étalée à allongée entièrement percée de trous en saillie. Cette algue se fixe aux roches de l'infralittoral ; les spécimens observés ont été arrachés, puis rejetés sur la côte.

Les poissons

Les eaux de l'estuaire accueillent de nombreuses espèces de poissons. À la suite de prélèvements effectués dans les limites du parc, les biologistes ont constaté que le hareng de l'Atlantique (*Clupea harengus harengus*), l'éperlan arc-en-ciel (*Osmerus mordax*), la plie rouge (*Pseudopleuronectes americanus*) et la plie lisse (*Liopsetta putnami*) fréquentent les eaux estuariennes durant toute l'année.

L'éperlan arc-en-ciel (*Osmerus mordax*) vit dans les eaux côtières et remonte les cours d'eau pour frayer. Cette espèce, au corps étiré d'environ 10 à 20 cm de longueur, à la nageoire caudale adipeuse, aux nageoires dépourvues d'épines, aux écailles petites et lisses, fraie dans les ruisseaux et autres cours d'eau en amont de la limite extrême des eaux de la marée.

L'éperlan à petites dents (*Malotus villosus*) et la merluche-écureuil (*Urophycis chuss*) visitent les eaux de la région au printemps dès la mi-avril. L'éperlan à petites dents, mieux connu sous le nom de capelan, est un poisson de haute mer qui s'approche de la côte pour frayer sur les grèves. À la brunante, c'est par milliers que les couples se jettent sur la plage pour pondre et féconder des millions d'œufs. Le capelan a de nombreux prédateurs : la morue, le saumon, les phoques, les baleines et des oiseaux de rivage ou de mer tels les goélands et les sternes. Dans le groupe des morues, les petites merluches-écureuils de 5 à 15 cm de longueur sont visibles à la mi-été près du rivage. Les adultes fréquentent la région côtière du nord-ouest de l'Atlantique où ils vivent en eau peu profonde jusqu'à 400 m du rivage.

En été, les captures sont constituées de morue franche (*Gadus morhua*), de poulamon atlantique (*Microgadus tomcod*) et de maquereau blanc (*Scomber japonicus*). Le poulamon atlantique est une espèce apparentée à la morue dont l'aire de distribution couvre les eaux côtières et celles de l'estuaire. Il ne s'éloigne jamais beaucoup du rivage. À la fin de décembre et en janvier, les poulamons remon-

Dans les eaux de l'estuaire, les poissons sont abondants. Comme la plongée sous-marine n'est pas à la portée de tous, une visite dans le milieu Saint-Laurent marin du Biodôme de Montréal peut combler les plus curieux.

tent par milliers certains cours d'eau, notamment la rivière Sainte-Anne, entre Trois-Rivières et Québec, où ils font la joie des amateurs de pêche blanche.

Le maquereau blanc hiverne dans les eaux de l'Atlantique et pénètre dans le golfe pour y frayer et se nourrir de jeunes harengs, de lançons, de petits crustacés et de plancton.

L'épinoche à trois épines (*Gasterosteus aculeatus*) est facilement observable dans les marelles en bordure du marais salé ou de l'estran, où la marée basse les surprend quelquefois à frayer. Ce poisson au corps allongé, de couleur argentée à olive brunâtre, d'environ 5 à 7,5 cm de longueur, porte trois épines dorsales, un pédoncule caudal mince et des plaques osseuses sur les flancs.

Le saumon atlantique (*Salmo salar*) remonte annuellement la rivière du Sud-Ouest pour frayer. Lors d'un recensement de la population effectué en octobre 1990, on a observé 25 saumons adultes et quelques autres immatures. La portion réduite de la rivière qui leur est accessible ne permet pas d'abriter une population très nombreuse de cette espèce.

L'anguille d'Amérique (*Anguilla rostrata*) remonte également la rivière du Sud-Ouest jusqu'au lac Saint-Matthieu. Au mois de juillet, les civelles doivent franchir l'obstacle que leur oppose la chute en rampant hors de l'eau sur les rochers humides.

Enfin, on dénombre une cinquantaine d'espèces différentes de poissons qui vivent et s'alimentent dans les eaux de l'estuaire. Parmi ceux-ci se retrouvent la morue, le sébaste, le flétan, la plie, la limande, ainsi que le chaboisseau, ou chabot, qui est un poisson d'eau salée à grosse tête fréquentant les côtes rocheuses.

Le monde sous-marin

Ce que l'on nomme « mer » dans la région du Bas-Saint-Laurent fait en réalité partie de l'estuaire maritime du fleuve Saint-Laurent. Cette étendue d'eau est sujette à des marées de type semi-diurne dont l'amplitude moyenne varie de 3,1 m à 4,9 m. Les vents, la marée et l'apport d'eau douce continentale ou d'eau salée océanique contribuent à créer des courants marins complexes et à forte variabilité spatio-temporelle de salinité et de température. Ce phénomène se manifeste surtout à la surface où l'on enregistre, sur une base annuelle, des degrés de salinité variant de 0,25 % à 0,33 % et une température qui oscille de 0 °C à 14 °C.

Les eaux de l'estuaire sont caractérisées, sur un plan horizontal, par une circulation à deux couches. Provenant de l'Atlantique, des eaux profondes, relativement chaudes (environ 4,5 °C) et de salinité élevée, remontent le chenal laurentien jusqu'aux environs du Saguenay. Ces eaux s'élèvent alors à la surface et se mélangent aux eaux, plus froides en hiver et moins salées, s'écoulant vers l'aval en longeant la rive sud du Saint-Laurent. Au cours de l'été, le réchauffement de la température crée à la surface une troisième couche d'eau plus chaude.

Le courant issu des eaux profondes remet en circulation des éléments nutritifs captés en profondeur. Ce va-et-vient favorise le développement du phytoplancton et du zooplancton. Ceux-ci, éléments fondamentaux de la chaîne alimentaire, attireront les poissons à leur tour convoités par les mammifères marins. Cependant, ce grand brassage des eaux marines et des eaux de surface entraînera une forte turbidité et une certaine instabilité de la masse d'eau qui limiteront dans le temps et dans l'espace la prolifération du phytoplancton. C'est durant la période estivale que l'on observe cette poussée de production primaire.

Plus près de la côte, la zone infralittorale abrite un environnement hétérogène où s'établit une communauté marine relativement simple et constitue un milieu, à certains égards, stable. Difficilement détectable pour la plupart des visiteurs de passage, cet endroit révèle aux privilégiés que sont les plongeurs autonomes un véritable jardin sous-marin riche d'une multitude d'organismes aux couleurs et aux formes diverses.

Des oursins groupés sous les laminaires ou dispersés sur les galets voisinent avec des buccins, des bryozoaires et des étoiles de mer. Une foule d'autres invertébrés peuplent les fonds rocheux ou limoneux de la côte du parc. On y voit plusieurs espèces qui, en filtrant l'eau, se nourrissent de phytoplancton ou de zooplancton ainsi que des prédateurs à l'affût de malheureuses proies.

Un crabe araignée (*Hyas areneus*) au milieu d'oursins et d'anémones de mer (*Telia felina* et *Stomphia coccinea*).

Une vue d'ensemble de la végétation du territoire

La région du parc du Bic est reconnue pour sa richesse floristique. Le botaniste Scoggan (1950) y a dénombré quelque sept cent dix espèces de plantes vasculaires. Le territoire est une aire de transition entre la forêt feuillue (érablière à bouleau jaune) et la forêt boréale (sapinière baumière).

La flore

Depuis l'arrivée des premiers colons, vers 1770, le territoire du parc du Bic fut plus ou moins touché par l'activité humaine. Des coupes forestières, sélectives dans la plupart des cas, ont marqué l'un ou l'autre secteur. Certaines parties du territoire, relativement inaccessibles, demeurent encore à l'état naturel ; un quart seulement de la superficie du parc a été défriché pour l'agriculture.

À l'heure actuelle, la forêt originelle ou reconstituée couvre environ 80 % de la superficie terrestre du parc. Les zones touchées par les coupes forestières et l'agriculture sont en voie de régénération et la végétation de ces endroits en est au stade de succession secondaire.

De la coulée à Blanchet, une vue sur la végétation des pentes du pic Champlain nous permet de repérer la répartition des feuillus et des conifères dans cette partie du parc.

Au début de juillet, le pente sud du belvédère de Saint-Fabien se couvre d'épervières orangées (*Hieracium aurantiacum*), de vesces jargeau (*Vicia cracca*) et de rhinantes crête-de-coq (*Rhinanthus crista-galli*), donnant à ce champ une allure de tableau impressionniste.

En bordure du littoral, les essences forestières les plus fréquentes sont l'épinette blanche (*Picea glauca*), le genévrier commun (*Juniperus communis*), le peuplier faux-tremble (*Populus tremuloides*), le genévrier horizontal (*J. horizontalis*) et le thuya occidental (*Thuya occidentalis*).

Le couvert forestier du parc est constitué en majeure partie d'une forêt mixte (53 % du territoire) composée de sapin baumier (*Abies balsamea*), d'épinette blanche (*Picea glauca*), de bouleau blanc (*Betula papyrifera*) et de peuplier faux-tremble (*Populus tremuloides*). On note en plusieurs endroits la présence d'une forêt de conifères (22 %) formée de sapin baumier, d'épinette blanche, de thuya occidental ou cèdre (*Thuya occidentalis*), de mélèze laricin (*Larix laricina*), de pin gris (*Pinus banksiana*) et de pin rouge (*Pinus resinosa*). La forêt de feuillus, surtout constituée de peuplier faux-tremble et de bouleau blanc mêlés au peuplier baumier (*Populus balsamifera*), est assez restreinte à l'intérieur du parc. Dans le sous-bois, les plantes herbacées les plus abondantes sont l'actée rouge (*Actaea rubra*), l'aralie à tige nue (*Aralia nudicaulis*), l'aster à grandes feuilles (*Aster macrophyllus*), la clintonie boréale (*Clintonia borealis*), le cornouiller du Canada (*Cornus canadensis*), le maïanthème du Canada (*Maianthemum canadense*), l'oxalide des montagnes (*Oxalis montana*), la verge d'or à grandes feuilles (*Solidago macrophylla*) et la trientale boréale (*Trientalis borealis*).

Les forêts des falaises et des rochers plus ou moins abrupts de l'estuaire et du golfe du Saint-Laurent subissent les assauts répétés des vents salés et desséchants. Le couvert forestier de ce milieu est surtout composé de conifères résistants. On y trouve le genévrier horizontal (*Juniperus horizontalis*), le genévrier commun (*Juniperus*

Le tombolo situé entre le cap Caribou et le cap Enragé révèle différents stades de reforestation. Autrefois cultivé comme l'atteste des artefacts assez récents, cet espace entre l'anse aux Bouleaux et l'anse des Pilotes est recouvert d'une jeune forêt conifèrienne, notamment d'épinettes blanches. Certains endroits plus ouverts sont peuplés de genévriers communs (*Juniperus communis*).

La shepherdie du Canada (*Shepherdia canadensis*) est un petit arbuste d'environ 1 m à 1,50 m de hauteur et de diamètre, aux feuilles oblongues-elliptiques d'un vert argenté. La shepherdie est relativement abondante sur les falaises exposées du territoire du Bic.

communis), l'épinette blanche, le sapin baumier, le thuya occidental et un feuillu, le peuplier faux-tremble, ainsi qu'un arbuste à feuillage décidu, la shepherdie du Canada (*Shepherdia canadensis*).

Dans les limites du parc, on peut rencontrer des plantes endémiques de l'estuaire du fleuve Saint-Laurent ou d'autres, plus rares au Québec : *Arabis drummondii, A. holboellii* var. *collinsii, Asplenium viride, Botrychium lanceolatum, Carex amblyorhyncha, Chamaesaracha grandiflora, Corydalis aurea, Cypripedium reginae, Draba lanceolata, Eleocharis parvula, Erigeron compositus, Polystichum lonchitis, Rosa williamsii, Woodsia alpina, W. oregana* var. *oregana*. Certaines de ces espèces ont su mettre à profit l'existence de falaises dépourvues de végétation forestière, de flancs rocheux abrupts ou des sections de tombolo pour échapper à la compétition anarchique.

D'autres espèces, quoique présentes sur une partie ou sur l'ensemble du territoire étudié, se rencontrent plus fréquemment lors d'herborisations à l'intérieur du parc du Bic : *Anemone riparia, Angelica atropurpurea, A. lucida, Arabis divaricarpa, A. hirsuta, A. laevigata, Aralia hispida, Artemisia campestris, A. canadensis, Botrychium minganense, Calypso bulbosa, Comandra livida, C. richardsiana, Draba glabella, D. minganensis, Iris setosa, Gentiana amarella, Limonium nashii, Melampyrum lineare, Oxytropis campestris* var. *johannensis, Primula laurentiana, Pyrola asarifolia, Rosa rousseauiorum, Saxifraga aizoon, S. cespitosa, Sedum acre, Shepherdia canadensis* et *Symphoricarpos albus*.

Les falaises et les blocs de conglomérat calcaire dégagés sont quelquefois colonisés par une végétation herbacée. Elle s'y développe sur une mince couche de matières organiques accumulées dans une fente entre les blocs rocheux ou dans

Le sentier pédestre de la Pinède conduit le visiteur vers le sommet de la montagne à Michaud à travers un peuplement forestier constitué en grande partie de pins gris (*Pinus banksiana*).

À la fin de juin, on observe des cypripèdes acaules (*Cypripedium acaule*) à fleur à labelle blanc dans le sous-bois de la Pinède de la montagne à Michaud.

un creux de roche calcaire. On y observe l'ancolie du Canada (*Aquilegia canadensis*), la potentille pectinée (*Potentilla pectinata*), l'iris à pétales aigus (*Iris setosa*) et la zigadène glauque (*Zigadenus glaucus*). En milieu plus humide, telle la face nord du cap à l'Orignal, nous découvrons le gadellier glanduleux (*Ribes glandulosum*), la *Saxifraga aizoon*, la saxifrage en coussins (*Saxifraga cespitosa*) et la primevère laurentienne (*Primula laurentiana*) ; en milieu plus sec, autour de l'île à D'Amours, poussent entre autres, l'*Arabis holboellii*, la drave arabette (*Draba arabisans*), le pourpier âcre (*Sedum acre*) et la woodsie de l'île d'Elbe (*Woodsia ilvensis*).

Le marais salé

Au fond de la baie à l'Orignal, entre le mont Chocolat et le cap Caribou, s'étend un marais salé typique de ceux de cette région naturelle. Cet habitat côtier se caractérise par sa pente faible et son substrat vaseux, salé et humide. Considérés pendant longtemps comme un milieu insalubre, les marais salés sont des lieux d'une intense productivité biologique. Leur surface est colonisée par une succession de groupements d'herbacées que la marée inonde périodiquement en tout ou en

À marée haute, une partie du marais salé est envahie par l'eau de mer.

Le marais salé du parc du Bic occupe un vaste espace entre le mont Chocolat et le cap Caribou. Une excursion permet au visiteur de se familiariser avec les différentes zones de végétation de cet habitat ; celles-ci correspondent à des degrés de salinité et à des fréquences d'immersion variables.

partie. Le marais salé de la pointe aux Épinettes est représentatif de ce milieu particulier, marqué par des degrés divers de salinité et des fréquences de submersion variables. Au gré des marées, le marais « soutire » à la mer les éléments minéraux indispensables au développement des plantes qui y croissent. Le marais salé est soumis à de fortes variations du taux de salinité et de température. De plus, la mer et les glaces, par leur action abrasive, prélèvent chaque année une partie de la production végétale. Le marais se divise en quatre zones principales déterminées par le gradient d'immersion (temps d'immersion). Dans la partie inférieure du médiolittoral (zone inférieure de balancement des marées), où l'habitat connaît de longues périodes d'immersion en eau salée, le nombre d'espèces qui y croissent est réduit. Plus on s'avance dans le marais salé, moins la marée s'y fait sentir et plus les espèces se diversifient.

La première zone, dont l'immersion est quotidienne, se caractérise par une batture vaseuse ou sablonneuse peuplée de *Fucus* qui s'agrippent aux surfaces graveleuses ou aux blocs glaciels. La zone de végétation suivante, soumise à un gradient d'immersion variant de 100 % à 9 %, est principalement colonisée par la spartine alterniflore (*Spartina alterniflora*). On y découvre de nombreuses cuvettes, les marelles, dues à l'action des glaces flottantes qui arrachent et déplacent des plaques de vases. On constate une augmentation de la diversité floristique de la partie à peine inondée à mesure qu'on progresse vers la berge ou le fond de la baie.

La zone à spartine étalée (*Spartina patens*) se distingue par un relief légèrement plus accentué et par la présence de cuvettes. Cette zone n'est envahie par l'eau de mer qu'au moment des grandes marées qui surviennent lors de la pleine lune ou de la nouvelle lune. Le fond des cuvettes se peuple de ruppie maritime (*Ruppia maritima*), de zannichellie palustre (*Zannichellia palustris*) et d'une algue verte du genre *Cladophora*. La végétation de ce secteur abonde en spartines étalées qui voisinent avec le troscart maritime (*Triglochin maritima*), la lavande de mer (*Limonium nashii*), le glaux maritime (*Glaux maritima*), la salicorne d'Europe (*Salicornia europaea*), la spergulaire du Canada (*Spergularia canadensis*), la suéda maritime (*Suaeda maritima*), la renoncule fausse-cymbalaire (*Ranunculus cymbalaria*) et le plantain maritime (*Plantago maritima*).

Cette partie du marais salé est ponctuée de taches allongées rougeâtres, bleuâtres ou verdâtres que l'on nomme moucheteures. Ce phénomène est lié aux fluctuations de la nappe phréatique qui, sous l'effet des marées, entraînent une saturation périodique du sol en eau et un déficit en oxygène : c'est la gleyfication. Au lieu d'être lessivés, le fer et le manganèse du sol remontent à la surface.

La zone suivante est rarement inondée, sinon par marée forte. Le jonc de la Baltique (*Juncus balticus*) y croît en abondance. C'est une zone de transition entre les espèces de milieux salins et les espèces d'eau douce. Outre le jonc de la Baltique, on y découvre des *Carex*, le scirpe maritime (*Scirpus maritimus*) et la quenouille à feuilles étroites (*Typha latifolia*).

La renoncule fausse-cymbalaire (*Ranunculus cymbalaria*) est une petite plante herbacée qui passe souvent inaperçue. Elle croît sur les rivages argileux et les vases du marais salé. Apparentée au bouton d'or de nos champs, cette espèce arbore de petites fleurs jaunes très semblables.

La lavande de mer (*Limonium nashii*) est un élément familier des prairies saumâtres, des dunes ou des marais salés de l'estuaire du Saint-Laurent. Cette plante herbacée, aux feuilles réunies en rosette, porte sur une hampe florale très ramifiée de minuscules fleurs rose lavande. Dans le parc du Bic, la lavande de mer s'observe dans le marais salé et le long des amoncellements de sable du littoral.

Les rivages

Dans le parc du Bic, c'est sur la crête de plage de la baie du Ha! Ha! que l'on observe le séneçon faux-arnica (*Senecio pseudo-arnica*). Cette astéracée typique du bord de mer porte, à la fin de juillet, des capitules aux ligules jaunes qui tranchent avec le feuillage laineux de la plante.

Les rivages du parc du Bic sont bien pourvus en algues marines. L'amateur notera au cours de ses promenades botaniques que la répartition des algues marines accrochées aux rochers ou visibles à marée basse dans le médiolittoral correspond à la nature du substrat, au degré d'exposition aux vagues et à leur résistance à la dessication. Certaines espèces s'observent facilement, mais la laminaire à long stipe (*Laminaria longicruris*) et l'agare criblé (*Agarum cribrosum*), qui se fixent par leurs crampons aux rochers sous-marins toujours immergés, ne sont visibles que lorsqu'ils sont arrachés à leur support et rejetés sur la plage.

Entre la zone des hautes marées et la végétation forestière côtière s'établit sur sol rocailleux ou sablonneux une flore halophile, c'est-à-dire qui vit en milieu saumâtre. C'est ainsi que la salicorne d'Europe, les suédas (*Suaeda* sp.), différentes espèces d'arroches (*Atriplex* ssp.), le caquillier édentulé (*Cakile edentula*), la sabline faux-péplus (*Arenaria peploides*) et certaines plantes herbacées tolèrent assez bien les embruns salés. S'y ajoutent la livèche écossaise (*Ligusticum scothicum*), le pois-de-mer (*Lathyrus japonicus*), le seigle de mer (*Elymus arenarius*), la potentille ansérine (*Potentilla anserina*), l'armoise de Steller (*Artemisia stelleriana*), la mertensie maritime (*Mertensia maritima*) et le séneçon faux-arnica (*Senecio pseudo-arnica*), dont une très belle colonie croît sur la crête de la plage de la baie du Ha! Ha!

Ces espèces partagent quelquefois l'espace libre entre la grève et la lisière de la forêt côtière avec des groupements denses de rosiers sauvages ou naturalisés (notamment les *Rosa rugosa*), des iris à pétales aigus (*Iris setosa*), des gadelliers (*Ribes* ssp.), des genévriers communs et, plus rarement, des amélanchiers (*Amelanchier*).

La potentille ansérine (*Potentilla anserina*) n'est nullement confinée aux rivages sablonneux ou caillouteux au-delà de la zone des marées; elle s'installe également dans les lieux ouverts de l'ensemble du territoire. Cette plante à feuillage composé émet de longs stolons qui favorisent l'expansion de cette espèce. Les fleurs jaunes à cinq pétales ressortent du feuillage vert.

Les champs

Dans les milieux ouverts par le défrichement croissent l'anaphale marguerite (*Anaphalis margaritacea*), l'antennaire négligée (*Antennaria neglecta*), l'armoise vulgaire (*Artemisia vulgaris*), la bourse-à-Pasteur (*Capsella bursa-pastoris*), le céraiste des champs (*Cerastium arvense*), la marguerite des champs (*Chrysanthemum leucanthemum*), le fraisier américain (*Fragaria americana*), l'épervière orangée (*Hieracium aurantiacum*), la linaire vulgaire (*Linaria vulgaris*), l'onagre de Victorin (*Oenothera biennis*), la prunelle vulgaire (*Prunella vulgaris*), la rhinante crête-de-coq (*Rhinanthus crista-galli*), le framboisier (*Rubus idaeus*), la silène cucubale (*Silene cucubalus*) et la vesce jargeau (*Vicia cracca*).

Les milieux ouverts accueillent une multitude de plantes herbacées, dont quelques-unes égaient le paysage ; par exemple, cette colonie d'épilobes à feuilles étroites (*Epilobium angustifolium*).

Quelques espèces intéressantes

Considérée comme plante rare au Québec, l'adlumie fongueuse (*Adlumia fungosa*) est une herbacée à longues tiges volubiles qui s'accroche aux arbustes grâce à ses pétioles. Ses feuilles sont très divisées et de texture délicate. Les fleurs de l'adlumie, de couleur rose pâle à rose moyen, réunies en cymes axillaires retombantes, ont une certaine ressemblance avec les cœurs-saignants ou cœurs-de-Marie (*Dicentra spectabilis*) auxquels elle est apparentée. Dans l'est du Québec, l'adlumie fongueuse pourrait avoir été introduite à Saint-Fabien et ses graines auraient été disséminées hors d'un ancien chemin forestier qui longe la coulée à Blanchet.

La très jolie et discrète ancolie du Canada (*Aquilegia canadensis*) n'a rien à envier à sa cousine ornementale, l'ancolie vulgaire (*A. vulgaris*). Cette petite plante herbacée de 25 à 60 cm de hauteur porte des feuilles composées profondément divisées. Du feuillage s'élève, à la mi-juin, une hampe florale qui arbore quelques fleurs pendantes, de couleur écarlate à centre jaune, aux pétales prolongés par de longs éperons. Au parc du Bic, cette ancolie croît sur les roches calcaires et le long des rivages caillouteux ; elle est particulièrement abondante sur la grève de gravier de la pointe aux Épinettes.

Très facilement observable, l'armoise de Steller (*Artemisia stelleriana*) est une magnifique plante herbacée à feuillage argenté qui croît sur la partie supérieure des rivages sablonneux ou caillouteux. Ses feuilles alternes sont profondément découpées. À la fin de juin, une tige feuillée se dresse sur 30 à 60 cm de hauteur et porte un grand nombre de petits capitules de fleurs jaunâtres. On le rencontre sur les rivages du tombolo du cap Enragé.

Plante commune de l'est du Québec, la campanule à feuilles rondes (*Campanula rotundifolia*) est également digne d'intérêt. Cette plante herbacée de 20 à 30 cm de

L'adlumie fongueuse (*Adlumia fungosa*)

L'ancolie du canada (*Aquilegia canadensis*)

L'armoise de Steller (*Artemisia stelleriana*)

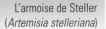

La campanule à feuilles rondes (*Campanula rotundifolia*)

La corydale dorée (*Corydalis aurea*)

hauteur présente des feuilles basilaires orbiculaires ou cordées et des feuilles cauli-naires linéaires. Les fleurs en forme de clochettes sont d'un bleu légèrement violacé. Cette campanule croît dans les lieux ouverts et secs. On la voit assez fréquemment dans le parc.

La corydale dorée (*Corydalis aurea*) est considérée comme une plante rare du Québec. Cette petite herbacée a des tiges plus ou moins érigées, de 10 à 40 cm de hauteur, et des feuilles très finement divisées. Les fleurs jaune or de 15 mm de longueur, dotées d'éperons, s'épanouissent à la mi-juin. Dans le parc de conserva-tion du Bic, on n'en connaît que quatre sites d'observation : le tombolo du cap Enragé, le sentier de la coulée à Blanchet, une grézière sur le pic Champlain et une impor-tante colonie dans un brûlis au sommet des Murailles.

Le sabot-de-la-Vierge jaune (*Cypripedium calceolus*) est une jolie orchidée qui croît sur tapis de mousse dans les cédrières ou les bois humides. La plante présente une tige feuillée de 20 à 60 cm de hauteur et les feuilles ovées-elliptiques, aux nervures parallèles, sont engainantes. La fleur assez singulière, au labelle gonflé de couleur jaune, s'épanouit au sommet de la tige. Relativement rare dans le parc même, ce cypri-pède s'observe toutefois sur la face sud du pic Champlain, près de la tourbière de Saint-Fabien.

Le cypripède jaune (*Cypripedium calceolus*)
Le cypripède royal (*Cypripedium reginae*)
L'épilobe à feuilles étroites (*Epilobium angustifolium*)

Le magnifique cypripède royal (*Cypripedium reginae*) était déjà inventorié dans *The Flora of Bic and the Gaspé Peninsula* de Scoggan (1950), mais n'avait pas été observé depuis plusieurs années. Cette orchidée, à la tige forte et robuste de 40 à 80 cm, d'un vert pâle, porte à la fin de juin une fleur aux sépales et aux pétales blancs et un labelle très gonflé teinté de rouge magenta. Malgré des herborisations répétées, le cypripède royal peut être considéré comme une plante rare dans les limites du parc. Quelques spécimens ont été trouvés dans la cédrière de la coulée à Blanchet et sur la face sud du pic Champlain, à l'intérieur et à l'extérieur des limites du parc.

L'épilobe à feuilles étroites (*Epilobium angustifolium*) n'est pas une espèce spécifique du parc du Bic, cependant, sa présence agrémente le paysage. À la fin de juillet, ses longues grappes de fleurs d'un rose foncé colorent les clairières et les champs en friche.

Le chalef argenté (*Elaeagnus commutata*)
La gentiane amarelle (*Gentiana amarella*)
L'iris à pétales aigus (*Iris setosa*)

Très rare au Québec et à l'intérieur des limites du parc puisqu'on n'en connaît qu'une seule station sur les rochers du cap à l'Orignal, le chalef argenté (*Elaeagnus commutata*) est un petit arbrisseau d'environ 1 à 2,25 m de hauteur, aux feuilles alternes, ovales-lancéolées, de ton argent pur. De petites fleurs jaunes s'ouvrent à l'aisselle des feuilles au sommet de l'arbuste, vers la mi-juin ou la fin de juin.

La gentiane amarelle (*Gentiana amarella*) est l'une des cinq espèces de gentianes qui poussent au Québec. Cette petite plante herbacée annuelle de 10 à 25 cm de hauteur, au port érigé, a des feuilles caulinaires, lancéolées. Les fleurs tubuleuses, violacées, sont réunies en grappes spiciformes au sommet des tiges. Au parc du Bic, on aperçoit cette gentiane près de l'escalier qui conduit au sentier pédestre de la face nord de l'île à D'Amours et sur les rochers exposés le long de la baie du Ha! Ha!

L'iris à pétales aigus (*Iris setosa*) est une espèce typique du littoral de l'estuaire du Saint-Laurent. Il se distingue de l'iris versicolore (*Iris versicolor*) par ses trois pétales intérieurs très courts qui sont étroits et d'un bleu violacé marqué de blanc. Cet iris pousse sur les rivages rocheux à l'abri des hautes marées. Contrairement à l'iris versicolore qui préfère un sol humide, l'iris à pétales aigus croît en milieu sec et tolère les embruns salés.

Nommée en l'honneur du célèbre botaniste suédois, Carl Linné, la linnée boréale (*Linnaea borealis*) est une plante assez commune des forêts conifériennes et du parc du Bic. Cette petite plante rampante, aux tiges subligneuses, porte des feuilles arrondies, opposées, généralement persistantes. Une courte hampe florale de 5 à 10 cm de hauteur s'élève à la mi-juin et arbore une paire de fleurs plutôt tubulaires d'un rose moyen à rose pâle.

La linnée boréale (*Linnaea borealis*)

La mitelle nue
(*Mitella nuda*)

La mertensie maritime (*Mertensia maritima*) s'étend en tapis très colorés sur les rivages graveleux ou les crêtes des plages de galets ou des plages sablonneuses, à la limite des hautes marées dont la salinité de l'eau dépasse 1,7 %. D'un bleu métallique superbe, cette plante herbacée, vivace et généralement rampante, a des feuilles plus ou moins charnues. Les petites fleurs bleues, à corolle tubuleuse, s'épanouissent en juillet au sommet des tiges feuillées.

La mertensie
maritime
(*Mertensia
maritima*)

La primevère laurentienne (*Primula laurentiana*)

Assez commune dans les forêts conifériennes du nord et de l'est du Québec, la mitelle nue (*Mitella nuda*) est une minuscule plante herbacée qui passe le plus souvent inaperçue. Des feuilles basilaires orbiculaires, de 2,5 à 4 cm de diamètre, s'élève une hampe florale de 8 à 12 cm de hauteur, rarement feuillée et portant une grappe spiciforme très peu dense de petites fleurs blanc verdâtre aux pétales ornés de longs filaments. Au parc du Bic, on peut l'observer aisément durant l'excursion de l'île à D'Amours, près de l'escalier de la face nord du sentier pédestre.

La très jolie primevère laurentienne (*Primula laurentiana*) est l'une des deux seules espèces indigènes du Québec. Le genre, surtout connu en horticulture ornementale, renferme environ 150 espèces dans tout l'hémisphère boréal. Les feuilles basilaires elliptiques et légèrement dentées de cette petite plante herbacée sont réunies en rosette et exhibent sur leur face inférieure une curieuse pigmentation farineuse blanchâtre. À la mi-juin ou à la fin de juin, cette petite primevère indigène arbore une hampe florale de 15 à 25 cm de hauteur, ornée de jolies fleurs roses ou rose lilas, réunies en une petite ombelle sphérique. Elle pousse sur les rochers des falaises calcaires du parc où elle est assez commune.

Une plante rare dans le parc, le *Rosa rousseauiorum*

Le rosier rugueux (*Rosa rugosa*)

Le trille cerné (*Trillium cernuum*)

En plusieurs endroits du littoral, notamment sur les rivages et les coteaux sablonneux bien fixés, le visiteur apercevra différents rosiers sauvages, entre autres le rosier inerme (*Rosa blanda*), le rosier églantier (*R. eglanteria*), le rosier brillant (*R. nitida*), un échappé de culture qui a colonisé les rivages du bas du fleuve, de la Côte-Nord et de la péninsule gaspésienne, le rosier rugueux (*Rosa rugosa*) et deux espèces propres à la région du Bic, le *Rosa williamsii* et le *Rosa rousseauiorum*.

Le rosier inerme se caractérise par des tiges inermes ou presque inermes dans la partie supérieure du plant et par des aiguillons plus ou moins serrés dans la partie inférieure. Les fleurs simples, normalement formées de cinq pétales sont d'un rose légèrement violacé et s'épanouissent à la fin de juin. Ce rosier s'établit dans les lieux ouverts, sablonneux ou rocailleux et de préférence calcaires.

Le trille penché (*Trillium cernuum*), une espèce moins spectaculaire que le trille blanc (*T. grandiflorum*), le trille rouge (*T. erectum*) ou le trille ondulé (*T. undulatum*), s'observe plus fréquemment dans le nord et l'est du Québec. À l'instar des autres espèces, ce trille possède un rhizome court et charnu d'où émerge une tige feuillée portant un verticille de trois feuilles. Sa fleur assez humble se dissimule sous le feuillage. Cette espèce fut observée le long de la piste cyclable qui traverse la coulée à Blanchet et dans un boisé en bordure de la route de ceinture nº 1.

La zigadène glauque (*Zigadenus glaucus*) est une plante herbacée bulbeuse, vivace, dont les feuilles rubanées sont dressées et disposées en éventail. De la touffe de feuilles s'élève une hampe florale, ramifiée au sommet, de 25 à 35 cm de hauteur; les fleurs sont verdâtres ou jaunâtres et ont de 2 à 3 cm de diamètre. La distribution de la zigadène glauque est circonscrite au littoral de l'estuaire et du golfe du Saint-Laurent. Elle pousse dans le terre-plein des rochers des falaises littorales, ainsi que sur les grèves et les rivages maritimes à l'abri de l'assaut des marées. Les botanistes lui reconnaissent une certaine préférence pour les sites calcicoles. Cette plante est vénéneuse et ne devrait jamais être cueillie même à l'extérieur du parc.

La ziguadène glauque (*Zigadenus glaucus*)

L'érablière
du pic Champlain

Comme le parc du Bic est situé dans une zone de transition entre les forêts boréale et décidue, son couvert forestier est généralement un mélange de conifères et de feuillus. Il y a quelque temps encore, la présence d'une ancienne cabane à sucre témoignait de l'exploitation d'une érablière d'une superfice d'environ 1,07 km^2 entre 150 et 210 m d'altitude. En ce lieu abrité des vents dominants, dont l'assise est constituée d'une roche mère composée de grès et de pelites, croissent des feuillus associés à la zone de l'érablière à bouleau jaune. Le tout repose sur une couche de moins de 1 m de dépôts meubles formés de sable et de gravier laissés par le retrait des glaciers. Outre l'érable à sucre (*Acer saccharum*) établi dans les parties planes, on observe également l'érable rouge (*Acer rubrum*), l'érable à épis (*Acer spicatum*), le sapin baumier (*Abies balsamea*), le sorbier d'Amérique (*Sorbus americana*), le noisetier à long bec (*Corylus cornuta*) et le sureau pubescent (*Sambucus pubens*) dont un spécimen a subi une mutation chromosomique et présente un feuillage très finement découpé. Le bouleau jaune (*Betula alleghaniensis*) est absent de l'érablière – peut-être à la suite d'une coupe forestière sélective –, mais on en retrouve une vingtaine au pied du pic Champlain dans la coulée à Blanchet. La strate herbacée est formée d'osmorhize (*Osmorhiza depauperata*), de salsepareille (*Aralia nudicaulis*), de gadellier lacustre (*Ribes lacustre*), d'aster à grandes feuilles (*Aster macrophyllus*), de trille ondulé (*Trillium undulatum*), de trientale boréale (*Trientalis borealis*), de clintonie boréale (*Clintonia borealis*) et de streptope rose (*Streptopus roseus*). L'érablière a été exploitée jusqu'en 1979 et le nombre maximal d'entailles aurait été d'environ 1 900.

En bordure de l'érablière, sur les pentes ou le sol de faible épaisseur, surgit rapidement la forêt d'abord mixte puis majoritairement conifèrienne. On observe alors les espèces suivantes : le sapin baumier, le peuplier faux-tremble (*Populus tremuloides*), quelques spécimens de cèdre occidental (*Thuya occidentalis*), le bouleau à papier (*Betula papyrifera*), l'érable à épis et l'érable de Pennsylvanie (*Acer pensylvanicum*). La forêt conifèrienne qui peuple le sommet du pic Champlain est composée de sapin baumier, d'épinette blanche (*Picea glauca*), de peuplier faux-tremble, d'érable à épis et d'érable de Pennsylvanie. Enfin, l'aulne rugueux (*Alnus rugosa*), l'amélanchier de Bartram (*Amelanchier bartramiana*), le cornouiller stolonifère (*Cornus stolonifera*), l'airelle à feuilles étroites (*Vaccinium angustifolium*) et le dierville chèvrefeuille (*Diervilla lonicera*) s'éparpillent dans la strate arbustive.

La montée vers le pic Champlain est une excursion très intéressante.

À proximité du pic Champlain

Aux alentours du belvédère du pic Champlain, l'amateur attentif découvrira sur les falaises exposées l'oxytropide du fleuve Saint-Jean (*Oxytropis campestris* var. *johannensis*), la vergerette à feuilles divisées (*Erigeron compositus*), le saxifrage en coussin (*Saxifraga cespitosa*), le saxifrage aizoon (*S. aizoon*), la drave arabette (*Draba arabisans*) et la jolie campanule à feuilles rondes (*Campanula rotundifolia*).

L'oxytropide du fleuve Saint-Jean (*Oxytropis johannensis*) s'accroche à la paroi de la roche calcaire du pic Champlain.

Le belvédère du pic Champlain offre une vue saisissante sur le paysage.

Deux stations de vergerette à feuilles divisées (*Erigeron compositus*) ont été répertoriées jusqu'à ce jour sur le sommet du pic Champlain à proximité du belvédère. Quelques spécimens poussent sur la corniche qui surplombe la plate-forme d'observation et sont malheureusement mis en péril par le piétinement des visiteurs qui s'aventurent le long de la corniche en enfreignant de ce fait les règlements du parc. Cette petite plante de 7 à 10 cm de hauteur arbore un feuillage profondément découpé ; à la fin de juin s'élève du centre du feuillage un petit capitule d'environ 1,5 cm de diamètre. C'est l'une des plantes rares du Québec.

Accrochée à la falaise calcaire du pic Champlain, à peu de distance de la plate-forme, une colonie d'oxytropides du fleuve Saint-Jean insèrent leurs racines dans les fissures et les crevasses de la paroi rocheuse afin de puiser les sels minéraux nécessaires à leur croissance dans un sol presque inexistant. En dépit de ces conditions difficiles, on dénombre plus d'une dizaine de spécimens. Cette espèce, considérée comme une plante rare au Québec, porte de petites touffes de feuilles pennées composées d'un grand nombre de folioles. À la fin de juin, de petits épis de fleurs d'un rose violacé ou blanc rosé s'épanouissent sur une courte hampe florale.

L'*Erigeron compositus* est une plante rare du Québec, dont on retrouve deux stations au pic Champlain.

Un phoque commun profite
du soleil dans l'anse des
Pilotes.

À l'aurore ou à la brunante, quelques
chevreuils s'approchent du marais salé
pour brouter les herbes ou s'abreuver
des eaux saumâtres.

Les mammifères

Bien que le milieu marin demeure pour les promeneurs le point d'intérêt principal, le territoire même du parc renferme une grande diversité d'habitats.

Le milieu forestier, les champs en culture ou en friche, la rivière du Sud-Ouest, le marais salé, la côte rocheuse battue par les vagues, la batture et l'estuaire représentent autant d'habitats différents pour la faune.

La faune

Les forêts et les abords du marais servent d'asile aux deux grands cervidés du Québec, le cerf de Virginie (*Odocoileus virginianus*) et l'orignal (*Alces alces*). Ces visiteurs furtifs s'observent à l'aube ou au crépuscule. Le premier apprécie particulièrement les plantes du marais salé et trouve refuge dans la Citadelle et la vallée de la rivière du Sud-Ouest, le second fréquente habituellement la forêt de la montagne à Michaud et du cap à l'Orignal.

Les lièvres d'Amérique sont peu
farouches et se laissent facilement
photographier.

Le parc héberge aussi l'écureuil roux (*Tamiascurius hudsonicus*), le porc-épic d'Amérique (*Erethizon dorsatum*) et le lièvre d'Amérique (*Lepus americanus*), ainsi que le grand polatouche (*Glaucomys sabrinus*), le vison d'Amérique (*Mustela vison*), le raton laveur (*Procyon lotor*), le rat musqué (*Ondatra zibethicus*), le renard roux (*Vulpes vulpes*), la marmotte commune (*Marmota monax*) et la mouffette rayée (*Mephitis mephitis*). S'ajoutent à cette faune de nombreux petits rongeurs, notamment la musaraigne cendrée (*Sorex cinereus*), le campagnol des champs (*Microtus pennsylvanicus*), le campagnol à dos roux de Gapper (*Clethrionomys gapperi*) et la souris sylvestre (*Peromyscus maniculatus*).

Le porc-épic

Aisément observable dans le parc, le porc-épic jouit du fait que son prédateur naturel, le pékan (*Martes pennanti*), est relativement rare sur le territoire. La densité de 40 à 50 individus au km^2 correspond à la plus forte concentration de porcs-épics en Amérique du Nord et cela perturbe de façon marquée le milieu forestier. Dans le parc, les ravages des porcs-épics sont assez visibles.

Le parc du Bic accueille la plus forte concentration de porcs-épics en Amérique du Nord.

Le porc-épic est le plus gros rongeur de l'endroit, car on n'y trouve pas de castor. L'animal adulte mesure en moyenne 90 cm de longueur et son poids peut atteindre 12 kg. Ses puissantes incisives lui permettent de ronger en hiver l'écorce du sapin baumier, de la pruche, du mélèze, des pins et des épinettes blanches. En période estivale, il se nourrit volontiers des feuilles vert tendre de plantes herbacées ou d'arbustes. Il est particulièrement friand des os et des bois de chevreuil ou d'orignal trouvés au sol. Il ne faut pas se surprendre de le voir grimper aux arbres où il passe une bonne partie du temps à s'alimenter et à se reposer.

La queue épaisse du porc-épic lui sert à la fois de balancier lorsqu'il se tient en équilibre sur les branches des arbres et de moyen de défense. Son corps est armé de 30 000 piquants qui sont le résultat de l'évolution de sa toison : chaque piquant est en réalité un poil dont l'enveloppe s'est durcie. Au repos, ces piquants sont orientés vers l'arrière, mais si l'animal ressent de la frayeur ou se sent attaqué, les piquants se hérissent et forment un coussin défensif extrêmement efficace. Contrairement à la croyance populaire, le porc-épic ne peut lancer ses piquants, mais ceux-ci se détachent très facilement lorsqu'on l'effleure. De surcroît, le porc-épic donne des coups de queue et cet organe est également bien pourvu en piquants. La longueur de ceux-ci varie de 25 mm (autour du front) à 63 mm (sur le dos). Chaque extrémité est garnie de barbes minuscules dirigées vers l'arrière ; leur tissu spongieux absorbe le liquide du corps de l'infortunée victime et se dilate. À chaque mouvement de cette dernière, le piquant s'enfonce peu à peu dans son corps. On relate de nombreux cas de prédateurs morts par perforation d'un organe vital.

Ce type de protection est relativement efficace et bien des carnivores évitent de s'attaquer aux porcs-épics, à l'exception toutefois du pékan qui vise son point faible, le museau. Il le mord en l'attaquant de face, se retire prestement afin de ne pas être atteint par un coup de queue et répète l'agression jusqu'à l'épuisement de sa proie.

Facilement observables, les porcs-épics causent des ravages aux essences forestières.

Les phoques

Des quatre principales espèces de phoques qui vivent dans l'estuaire et le golfe du Saint-Laurent, deux seulement fréquentent la région du Bic. Une petite colonie de phoques gris et de phoques communs s'alimentent dans les eaux de la région et tirent profit de l'abondance des sites d'échouerie du parc et de l'île du Bic. Ils apprécient en particulier la plate-forme d'érosion marine du cap à l'Orignal ainsi que les récifs et les blocs erratiques de l'anse à l'Orignal et de l'anse des Pilotes.

Le phoque gris

La troupe de phoques gris (*Halichoerus grypus*) de l'estuaire du Saint-Laurent compterait un minimum de 200 individus, dont l'âge varie de 2 à 7 ans. Ils se regroupent principalement dans le secteur Bic-Rimouski. Ce sont des visiteurs saisonniers qui migrent à l'automne vers le golfe. Ces phoques se rattachent aux deux grandes populations de l'est du Canada ; celle du golfe Saint-Laurent et celle de l'île au Sable sise au large de la Nouvelle-Écosse. La population totale de ces animaux atteindrait plus de 140 000 individus en 1993. Le phoque gris se distingue assez facilement du phoque commun par sa taille et son poids qui sont supérieurs, ainsi que par la morphologie de sa tête qui ressemble vaguement à celle d'un cheval.

En général, le phoque gris du golfe met bas sur la glace dans le détroit de Northumberland qui sépare l'Île-du-Prince-Édouard de la Nouvelle-Écosse. La mise

Un phoque gris se prélasse au soleil.

bas débute dès les premiers jours de janvier et se poursuit jusqu'au début de février. Dans l'intervalle, les mâles s'approprient un territoire pour constituer un harem. Les mâles dominants, très agressifs, chassent impitoyablement leurs rivaux. Après la période de l'allaitement qui dure de 10 à 20 jours, le mâle et les femelles s'accouplent. Peu de temps après, les phoques quittent la banquise et se dispersent, laissant sur place les nouveau-nés. Ces derniers muent et vivent de la réserve de graisse accumulée durant l'allaitement.

Un phénomène particulier a lieu après l'accouplement. Une dizaine de jours après la fécondation de l'ovule, l'œuf, qui est devenu un petit amas de cellules, arrête son développement, puis celui-ci reprend au bout de deux à trois mois avant que l'œuf s'implante définitivement dans la paroi utérine.

Dans le golfe Saint-Laurent, on procédait à un contrôle des populations de phoques gris jusqu'en 1992 et chaque chasseur dûment muni d'un permis pouvait obtenir une prime pour chaque phoque abattu. La population de phoques gris, en expansion, est censée menacer les stocks de poissons, d'une part comme consommateurs d'une ressource halieutique convoitée par les êtres humains et, d'autre part, comme hôtes d'un ver parasite de la morue. De fait, 50 % de l'alimentation du phoque gris se compose de morues, de plies, de raies et de harengs. Occasionnellement, il ne dédaigne pas l'aiglefin, le capelan, l'éperlan, le goberge, le maquereau ou le saumon.

On a dénombré dans certains estomacs de phoques gris près de 3 000 vers de la morue (*Pseudoterrranova decipens*). Le cycle de vie de ce parasite fort nuisible pour le stock commercialisable débute lorsque le phoque expulse des fèces remplies d'œufs. Sous l'eau, ceux-ci éclosent en larves minuscules qui sont par la suite absorbées par un ou deux crustacés hôtes servant de nourriture à certains poissons, dont la morue. Parvenues à l'estomac du poisson, les larves forent des trous dans la paroi stomacale et s'enkystent dans les muscles. Le cycle de vie du parasite est complété lorsque le poisson infecté est consommé par un phoque gris. Les vers se développent dans l'estomac de celui-ci, parviennent à maturité, s'accouplent, et les femelles pondent à leur tour des œufs qui seront expulsés dans les fèces.

Le phoque commun

Le phoque commun (*Phoca vitulina*) est une espèce sédentaire dispersée en colonies plus ou moins isolées les unes des autres. Il fréquente les eaux côtières, les baies et l'embouchure des fleuves. Dans l'est du Canada, la population du phoque commun, nettement inférieure à celle du phoque gris, n'atteint que 12 000 à 15 000 individus. Dans l'estuaire, les phoques communs sont aisément repérables sur la rive sud entre Rivière-du-Loup et Métis. Cet hôte permanent constitue avec le béluga les deux seuls mammifères marins qui résident toute l'année dans l'estuaire du Saint-Laurent. En hiver, ils s'éloignent des côtes et se regroupent dans les eaux libres de glace.

Durant la période estivale, les femelles demeurent en compagnie de leurs petits. Elles mettent bas en mai ou juin, probablement sur les promontoires rocheux abrités des vagues. Le petit sait nager dès la naissance et la mère peut l'allaiter aussi bien dans l'eau que sur la terre. En cas de danger, la mère saisit son petit par la peau du cou et l'emporte dans la mer. Si elle doit s'éloigner rapidement, elle transporte le jeune sur sa poitrine en le serrant entre ses nageoires.

L'accouplement a lieu après le sevrage, c'est-à-dire de la fin de juillet jusqu'au début de septembre. Pendant ce temps, il n'est pas rare d'assister à de nombreuses poursuites au cours desquelles les mâles s'affrontent et s'infligent parfois des blessures à la tête et au cou. Contrairement au phoque gris, le phoque commun ne constitue pas de harem.

Le phoque commun se nourrit de poissons, surtout de harengs, de capelans, de plies, de lançons, de maquereaux, de gaspereaux et, plus rarement, de saumons. Il en consomme en moyenne 1,8 kg par jour.

Un prédateur courant du phoque commun est l'épaulard. Très rarement aperçu au Bic, ce chasseur rôde assidûment dans les eaux de l'île de Sable. On observe souvent à cet endroit des phoques marqués de cicatrices de morsures. Dans le Grand Nord, l'ours blanc prélève également son tribut. L'être humain fut longtemps un prédateur important ; les Amérindiens d'abord qui le chassaient pour sa peau, sa chair et sa graisse, puis l'homme blanc, grand amateur de peau de phoque.

Ces mammifères marins passent de longues heures sur les bancs de sable, les gros blocs glaciels et les récifs découverts par les marées descendantes à partir desquels ils ont un accès rapide à la mer en cas de danger. Ils sont alors assez faciles à observer de la terre soit au large du cap à l'Orignal, soit à l'anse des Pilotes et de la pointe aux Épinettes.

Un phoque commun.

Par temps ensoleillé, les phoques communs sont faciles à observer dans l'anse des Pilotes.

Les cétacés

Les cétacés ou baleines peuplent principalement le golfe et la section nord de l'estuaire jusqu'à l'embouchure du Saguenay. On peut à l'occasion observer certaines espèces lorsqu'elles se rapprochent de la côte, entre autres le petit rorqual (*Balaenoptera acutorostrata*) lancé à la poursuite de capelans ou de lançons. À plusieurs reprises, des carcasses de bélugas (*Delphinapterus leucas*) se sont échouées dans les limites du parc. Le prélèvement des organes vitaux a révélé un taux de contamination importante des tissus provoquée par la pollution des eaux des Grands Lacs et de l'estuaire, en particulier celles de l'embouchure du Saguenay.

La faune ailée

Un grand héron bleu.

Le territoire du parc abrite une multitude d'habitats que fréquente presque toute l'année une faune ailée riche de plus de 203 espèces.

Le milieu forestier favorise grandement la diversité ornithologique du domaine. En effet, il héberge une grande variété d'espèces telles que les pinsons, les parulines, les pics, les tyrans, les moucherolles et bien d'autres. Bon nombre d'entre elles fréquentent également les milieux ouverts.

La côte estuarienne, dont les eaux sont riches en poissons et en invertébrés, est un milieu de prédilection pour les oiseaux aquatiques et les oiseaux de rivage. Ainsi peut-on se livrer sans peine à l'observation des huarts, des grèbes et du cormoran à aigrettes (*Phalacrocorax auritus*), ainsi que des canards plongeurs et des canards barboteurs. À l'intérieur du parc, le canard noir (*Anas rubripes*) et l'eider à duvet (*Somateria mollissima*) demeurent les espèces les plus courantes. Le premier abonde entre mai et décembre dans les marais et les étangs, mais en période de migration, les individus se concentrent le long du fleuve.

Le marais salé situé dans la baie des Cochons, entre le massif du mont Chocolat et celui du cap Caribou, est un habitat recherché par le grand héron (*Ardea herodias*), le butor d'Amérique (*Botaurus lentiginosus*), le bihoreau à couronne noire (*Nycticorax nycticorax*), le canard colvert (*Anas patyrhynchos*), le canard pilet (*Anas acuta*) et la sarcelle à ailes vertes (*Anas crecca*). Au cours de la migration, la bernache du Canada (*Branta canadensis*), la bernache cravant (*Branta bernicla*) et l'oie blanche (*Chen hyperborea*) se posent au sol afin de s'alimenter dans ce site.

Le canard colvert est un oiseau nicheur dont la population s'accroît dans la région ; d'avril à novembre, on le découvre dans les étangs et les marais. À l'exemple du canard noir, il est facile à observer le long du fleuve durant les périodes estivale et migratoire.

Un canard pilet.

Des oies blanches se reposent pendant leur trajet de migration.

Quoique relativement rare, le canard branchu (*Aix sponsa*) s'observe occasionnellement au printemps ; c'est le canard le plus coloré avec son bec rouge, blanc, noir et jaune. Sa tête huppée, verte et blanche, est marquée d'une large tache blanche à hauteur du cou. Ses flancs sont dorés et tachetés d'un noir qui s'achève en des lignes noires et blanches.

Issus de la famille des canards plongeurs, le morillon à collier (*Aythya collaris*), le garrot commun ou à l'œil noir (*Bucephala clangula*), la macreuse à front blanc (*Melanitta perspicillata*), le bec-scie couronné (*Lophodytes cucullatus*) et le bec-scie à poitrine rousse (*Mergus serrator*) sont des spécimens de l'endroit que les visiteurs peuvent identifier.

Les oiseaux de rivage sont abondants dans la zone littorale ; leur nombre et leur diversité s'accroissent au moment de la migration. On repère à loisir le chevalier solitaire (*Tringa solitaria*), le tournepierre roux ou à collier (*Arenaria interpres*), le pluvier à collier (*Charadrius semipalmatus*) et le bécasseau semipalmé (*Calidris pusilla*).

Des bernaches du Canada se nourrissent de rhizomes de scirpes dans l'anse de la rivière du Sud-Ouest.

Un pluvier kildir couve ses œufs sur un nid rudimentaire.

Des mouettes tridactyles.

Parmi les espèces limicoles qui prélèvent leur nourriture dans la vase des plages et des rivages et qui nichent sur le territoire du parc, on recense la bécassine des marais (*Gallinago gallinago*), la bécasse d'Amérique (*Scolopax minor*) le maubèche branle-queue (*Tringa macularia*) et le pluvier kildir (*Charadrius vociferus*).

Dans l'anse de la rivière du Sud-Ouest et l'estuaire de la rivière du Bic, les goéland argenté (*Larus argentatus*), goéland à bec cerclé (*L. delawarensis*), goéland à manteau noir (*L. marinus*), quelques mouettes et le cormoran à aigrettes sont des habitués de ce site où se mélangent les eaux salée et douce. On a inventorié une colonie de mouettes tridactyles (*Rissa tridactyla*) à l'île Brûlée. Cet oiseau marin passe l'hiver dans le sud des États-Unis et en Amérique centrale, mais niche en grandes colonies dans l'hémisphère Nord. Actuellement, les populations sont en hausse partout; dans le golfe du Saint-Laurent, leur évaluation est passée de 43 000 couples nicheurs en 1975 à 71 000 en 1985. La mouette tridactyle niche à proximité et à l'intérieur du territoire du parc; entre 1986 et 1991, on dénombrait 135 couples nicheurs sur les récifs de l'île Bicquette et 45 sur les îles du Pot à l'Eau-de-Vie. Soixante-cinq de leurs nids ont également été recensés de sur l'île Brûlée.

La sittelle à poitrine rousse (*Sitta canadensis*), le geai bleu (*Cyanocitta cristata*), le jaseur des cèdres (*Bombycilla cedrorum*) ainsi qu'un grand nombre de parulines et de bruants sont de fidèles habitués des différents habitats du parc (voir la liste des oiseaux du parc).

L'observation des rapaces

Le belvédère de Saint-Fabien, situé à l'ouest du pic Champlain, est un site idéal pour l'observation des rapaces. Du début de mai à la fin de juin, le visiteur peut y observer la plupart des oiseaux de proie qui se reproduisent dans l'est du Québec, car ce site exceptionnel se trouve au centre d'un couloir de migration.

La plupart des rapaces – autours, buses, busards, éperviers, aigles et faucons – migrent vers le sud durant l'hiver et reviennent au printemps pour se reproduire. Ils empruntent des couloirs ou corridors de migration immuablement liés à la direction des courants aériens.

Le belvédère de Saint-Fabien est un lieu privilégié pour observer la migration des rapaces.

Depuis 1982, les membres du club d'ornithologie de Rimouski dressent, à chaque printemps, l'inventaire des espèces d'oiseaux de proie observées au belvédère de Saint-Fabien. Environ 14 d'entre elles circulent autour du pic Champlain pour une moyenne annuelle printanière de 1 700 observations. La buse à queue rousse (*Buteo jamaicensis*) et l'épervier brun (*Accipiter striatus*) sont les espèces les plus couramment observées. Les autres rapaces identifiés sont le pygargue ou aigle à tête blanche (*Haliaeetus leucocephalus*), l'aigle doré (*Aquila chrysaetos*) et l'aigle pêcheur ou balbuzard (*Pandion haliaetus*). Outre la buse à queue rousse, il est possible d'iden-

tifier la petite buse (*Buteo platypterus*) et la buse pattue (*Buteo lagopus*) qui survolent champs et plaines à l'affût de petits mammifères.

On peut également observer l'autour des palombes (*Acciper gentilis*), le busard Saint-Martin (*Cirus cyaneus*) et le très rare urubu à tête rouge (*Cathartes aura*) qui nicherait, semble-t-il, dans la région de Percé.

Parmi les petits rapaces, nous pouvons distinguer trois espèces de faucons : le faucon pèlerin (*Falco peregrinus*), espèce qui a été réintroduite avec succès dans le parc, le faucon émerillon (*F. columbarius*) et la crécerelle d'Amérique (*Falco sparverius*).

Un grand-duc au repos.

L'eider à duvet

La région abrite le site de nidification de l'eider à duvet le plus important de l'estuaire du Saint-Laurent. Des recensements récents dénombrent environ 6 971 couples à l'île Bicquette. Ce gros canard côtier des pays nordiques se tient en mer, près des hauts fonds et des côtes rocheuses ; il se nourrit de moules, de littorines et d'algues.

Le mâle se caractérise par une tête blanche ornée d'une calotte noire, par une nuque verdâtre, un dos blanc et un ventre noir. La femelle, moins spectaculaire, possède un plumage brun fortement strié.

Un mâle eider dans la position de vol.

La morphologie de ce canard est très bien adaptée aux eaux glaciales. Sa masse compacte et ramassée lui donne un coefficient d'adhérence minime à l'eau, d'où résulte une moindre déperdition de chaleur. L'épais duvet aggloméré sous ses plumes et sa couche épaisse de graisse le rendent très résistant au froid. Leur surface réduite n'entraîne pas de perte de chaleur excessive.

Dès le début avril, l'eider à duvet fréquente les eaux du parc, de préférence autour de l'île Bicquette et de ses récifs. On l'observe également sur les îlets du havre du Bic et de l'anse à l'Orignal. Dès que les couples sont formés, le mâle et la femelle se rendent sur le site de nidification, mais le nid une fois construit et les œufs pondus, le mâle déserte la place et retourne à l'eau. Pendant l'incubation qui dure 25 jours, les femelles quittent très rarement le nid ; elles ne s'alimentent pas et vivent uniquement des réserves accumulées au cours de l'hiver. Ce jeûne est quelquefois fatal pour certaines d'entre elles. C'est pendant cette période que la femelle recouvre son nid et ses œufs du duvet qu'elle arrache de sa poitrine et de son ventre.

On dénombre environ quatre œufs par nid. Un grand nombre des œufs d'eider sont détruits par les goélands et quelques-uns sont abandonnés. Dès l'éclosion, vers le début de juin, les petites boules de duvet cendrées sont rapidement conduites dans les eaux du fleuve, mais au cours de ce trajet, les goélands prélèvent un lourd tribut. Un seul jeune sur dix atteindra l'âge adulte. Sur l'eau, les femelles se regroupent en crèches ; celles qui n'ont pas de canetons prennent souvent ces crèches en charge.

Plusieurs de ces crèches sont facilement observables dans les limites du parc ; toutefois, elles ne constituent qu'une proportion minime de tous les couples qui se sont

Une crèche de jeunes eiders.

reproduits sur l'île Bicquette. La plupart des crèches sont entraînées vers des sites d'élevage situés plus à l'est, notamment aux alentours de Sainte-Luce et de Pointe-aux-Cenelles.

Les canetons et les femelles se nourrissent principalement de petits gastéropodes du genre *Littorina*. La moule bleue est l'aliment de prédilection des adultes.

À la fin de l'été ou au début de l'automne, presque tous les eiders qui nichent dans l'estuaire et le golfe du Saint-Laurent se rassemblent en bandes, puis partent en direction de la côte de la Nouvelle-Angleterre.

Les reptiles et les amphibiens

Deux couleuvres vivent dans les espaces ouverts, les champs et les clairières du territoire du Bic : la couleuvre brune (*Storeria dekayi*) et la couleuvre rayée (*Thamnophis sirtalis*).

Sous les débris des milieux humides et marécageux, généralement dans les forêts de feuillus, on peut observer la salamandre à points bleus (*Ambystoma laterale*) et la salamandre maculée (*Ambystoma maculatum*). La salamandre rayée (*Plethodon cinereus*) préfère les débris et les troncs décomposés des forêts mixtes. Le triton vert (*Notophtalmus viridescens*) est une espèce aquatique qui s'établit dans les marécages ou les cours d'eau à faible débit.

La présence de la grenouille des bois (*Rana sylvatica*) et de la grenouille léopard (*Rana pipiens*) est confirmée par la capture de quelques spécimens. Parmi les autres anoures (grenouilles, crapauds et rainettes) susceptibles d'être observés dans les limites du territoire, nous citerons : le crapaud d'Amérique (*Bufo americanus*), la grenouille des marais (*Rana palustris*), la grenouille du Nord (*Rana septentrionalis*), la grenouille verte (*Rana clamitans*) et la rainette crucifère (*Pseudacris crucifer*).

Une présence humaine orientée vers la mer

De mémoire d'homme, le paysage et l'existence de l'estuaire ont grandement influencé l'occupation humaine du Bic. Quelques milliers d'années après la fonte des glaciers, de petits groupes d'Amérindiens ont voyagé sur le grand fleuve et ont établi sur les rives du Bic des lieux d'escale ou des sites d'établissements saisonniers de chasse et de pêche. Après des siècles d'occupation amérindienne, les premiers explorateurs européens ont reconnu le pic Champlain comme une balise naturelle de la remontée du grand fleuve où le havre du Bic servait dès cette époque de lieu de mouillage. Cette tradition s'est poursuivie pendant plus d'un siècle alors que les pilotes du Saint-Laurent donnaient rendez-vous aux navires marchands qui se dirigeaient vers Québec. Plus récemment, quelques pionniers ont résolu d'en cultiver la terre et d'y récolter les ressources de la mer. Jusqu'à la création du parc, des citadins sont venus y construire leurs chalets d'été. Aujourd'hui, le territoire est fréquenté annuellement par plus de 200 000 personnes qui viennent découvrir et admirer ses beautés.

La présence amérindienne

Le site du parc du Bic, en particulier l'anse à l'Orignal et le havre du Bic, semble avoir été un refuge d'élection pour ceux qui naviguaient sur le grand fleuve. De plus, le pic Champlain, d'une part, et les îles Bic et Bicquette, d'autre part, tenaient lieu de point de repère et de halte pour les expéditions qui traversaient du nord au sud, ou inversement, le Saint-Laurent. En outre, la vallée de la rivière du Sud-Ouest et celles qui la rejoignent latéralement créent un axe de déplacement vers l'intérieur des terres. Pour certains groupes autochtones, un établissement humain au Bic pouvait également signifier une mainmise stratégique sur les axes qui s'y croisent...

Les archéologues ont découvert au Bic une trentaine d'emplacements occupés, à différentes époques, par des groupes d'Amérindiens et quatre de ces sites ont fait l'objet de fouilles plus poussées.

Il y a 9 000 ans, de petits groupes amérindiens que les ethnologues qualifient de paléo-indiens ont exploré le territoire récemment libéré par le retrait de la nappe glaciaire. Provenant de terres plus méridionales, ils s'installèrent d'abord sur les rives d'un bras de mer qui pénétrait l'axe de la rivière du Sud-Ouest (à cette époque, le rivage était situé 80 m plus haut). L'uniformité de leur outillage démontre qu'il s'agissait de collectivités culturellement apparentées et que ces groupes parcouraient de grandes distances dans la vallée du Saint-Laurent. Leurs outils de pierre et les éclats retrouvés étaient du type *chert* et provenaient de la côte nord de la Gaspésie. Cette pierre silicieuse a également été retrouvée sur un site de la même époque dans la région des Milles-Îles, à environ 800 kilomètres de son lieu d'origine.

Le réchauffement climatique et la diversification des habitats naturels ont conduit les nouveaux occupants à exploiter une gamme étendue de ressources animales et végétales. Depuis 2000 ans, les indices de la présence de groupements amérindiens se sont multipliés.

Un campement estival temporaire datant de 2 500 ans localisé dans l'anse du cap à l'Orignal, l'emplacement actuel du sentier archéologique, ainsi que d'autres vestiges d'occupation préhistorique disséminés dans la baie, ont fait l'objet de fouilles approfondies. Celles-ci ont révélé que la région a été fréquentée par des groupes culturels très divers.

Les fouilles archéologiques entreprises sur le site du campement ont révélé l'existence d'une occupation humaine dont les artefacts furent bouleversés par les eaux des grandes marées de printemps et d'automne. Les vagues auraient sans doute déplacé les objets légers et mélangé des artéfacts qui n'appartenaient pas aux mêmes groupes. En combinant toutes les informations obtenues, on a découvert les vestiges d'une ancienne habitation d'environ 4,4 m de largeur sur 7 m de longueur. Un foyer destiné au chauffage et à la cuisson des aliments était installé dans l'axe central de cette demeure de forme allongée.

Un autre foyer a été repéré au sud de l'habitation, autour duquel les résidents avaient dépecé du gibier et probablement préparé quelques mets. Les activités de cuisson sont attestées par l'existence de nombreux fragments de poterie. Des restes culinaires sous forme de petits fragments calcinés d'os de castor ont été découverts au centre du foyer. Les artéfacts démontrent que ce site a été occupé par une quinzaine de personnes.

On trouve également sur les lieux de l'ancien campement deux autres zones de cuisson où l'on a exhumé des fragments d'os, notamment de phoque. Deux petites concentrations d'outils de pierre indiquent qu'au moins un individu s'était

Des artéfacts amérindiens datant de milliers d'années.

livré au travail du bois et à la préparation de peaux. Les outils de pierre qui armaient les lances, ainsi que les harpons et les flèches relèvent de la tradition culturelle des Maritimes. Ils démontrent l'importance qui était accordée à la chasse aux mammifères terrestres et marins. Ce site aurait été occupé 1 300 ans avant notre ère.

Les archéologues ont localisé six emplacements d'occupation plus récente, à la fin du XVIe siècle, dont un seulement a été soumis à des fouilles. Les artéfacts découverts consistent en outils de pierre et en objets d'origine européenne, et ils tendent à prouver que ces Amérindiens se livraient au troc avec des pêcheurs d'outre-mer. Les objets de pierre taillée mis au jour sont analogues à ceux qui proviennent de certains sites de la Basse Côte-Nord et de la côte du Labrador. Les Amérindiens qui ont résidé sur les sites fouillés au Bic étaient manifestement en relation avec des groupes du nord du golfe. Il s'agissait très probablement de Montagnais, une nation algonquienne qui occupait le nord du golfe à l'est de Tadoussac. Ces groupes entretenaient également des contacts souvent conflictuels pour le monopole de la traite des fourrures avec les Européens. Deux sites récents renfermaient des fragments de poteries apparentées aux groupes iroquoiens qui vivaient en amont du fleuve.

Les sites archéologiques de la période préhistorique récente indiquent l'existence de lieux de résidence temporaire où les occupants se sont bornés à affûter leurs outils de pierre, ont allumé des feux et ont pratiqué une chasse de subsistance (castor, phoque et ours noir).

La grotte de l'île du Massacre est à l'origine d'une terrible légende : « Une bande de deux cents Micmacs, hommes, femmes et enfants, aurait été prise en chasse sur le fleuve par des guerriers iroquois. Les Micmacs, qui connaissaient le site du Bic, auraient eu l'idée de se cacher dans une caverne sur une petite île du havre du Bic. Abordant l'île, ils s'engouffrent dans la caverne et tapissent l'entrée d'une muraille de branchage. Les poursuivants ayant observé la manœuvre, mettent le feu au branchage pour forcer les Micmacs à sortir de la caverne et massacrer les occupants.

Les premiers résidents permanents

Dès l'arrivée des premiers explorateurs français, le havre du Bic sert de mouillage aux navires surpris par des vents contraires, une brume tenace ou l'invasion des glaces printanières. En l'absence d'instruments de navigation adéquats, les capitaines de navire se servaient du pic Champlain et du mont Camille (aujourd'hui le mont Comi) comme points de repère.

En 1675 seulement, la seigneurie du Bic sera concédée à Charles Denys de Vitré principalement pour les droits de pêche au hareng et autres poissons. Elle servira également de poste pour la traite des fourrures. Cette seigneurie passera aux mains de nombreux seigneurs qui y voient bien plus une occasion de spéculer en tirant profit de la vente ou de l'échange de ce bien patrimonial que d'investir dans l'établissement de colons et le défrichement des terres.

Jean Gaignon fut le premier colon à s'établir sur la domaine seigneurial du Bic. Selon les sources de l'abbé Michaud, historien notoire de la région, Gaignon serait arrivé au Bic vers 1680. Aux termes d'une entente intervenue le 3 septembre 1686 entre le sieur de Vitré et Jean Gaignon, réputé demeurant ordinairement au Bic, ce dernier

La ferme Rioux atteste de l'occupation du territoire à des fins agricoles.

s'engage « à prendre la terre du Bic avec ses circonstances et dépendances pour et pendant l'espace de vingt ans ; le tout à moitié de profit tant de la traite que de toutes autres choses généralement quelconques ». Le recensement officiel de 1688 indique la présence d'une famille de douze enfants résidant à proximité de la « rivière du long Bic », probablement sur la pointe du Vieux-Bic.

En 1688, Charles Denys de Vitré cède son fief à Charles Aubert de la Chesnaye, marchand de Québec, qui s'engage à respecter le contrat avec Gaignon. Ce dernier, toutefois, n'a pu honorer ses engagements, car il meurt en 1699.

À la mort de Gaignon, la seigneurie est délaissée jusqu'en 1750. Entre-temps, le nouveau propriétaire, Charles Aubert, meurt à Québec en 1702, puis son fils héritier, François, périt tragiquement dans le naufrage du vaisseau du roi, Le Chameau, en 1725. Ce n'est qu'en 1750 que le fils de François, Ignace Aubert, seigneur de Mille-

Vaches, afferme la pêche au saumon à un habitant de Rimouski, Jean Pineau. C'est l'un des rares actes de mise en valeur du territoire officiellement recensé. À la mort d'Ignace Aubert en 1766, la seigneurie passe entre les mains de son épouse Marie-Anne de l'Estrignant de Saint-Martin et de sa fille Charlotte. En 1789, Charlotte hérite de la seigneurie, puis la revend à Henry Cull, marchand de Québec, en 1791. Ce dernier cède la propriété à Azariah Pritchard en 1801, un riche négociant et producteur de bois de la Gaspésie. En 1818 seulement, M. Pritchard concédera des terres en vue de la colonisation permanente du territoire.

On recense l'arrivée de cinq familles entre 1767 et 1769. C'est tout d'abord Antoine Gagnon qui se voit attribuer en 1767 une terre de 4 arpents de front et de 40 arpents de profondeur. En 1769, ses deux frères, Jacques et Paschal, ainsi que François Chabot et Jean Collins obtiennent chacun une terre. Antoine Gagnon s'installe au cap à l'Orignal ; les autres s'établissent au Vieux-Bic. Ils s'adonneront principalement à la pêche au saumon jusqu'en 1785, année où le propriétaire des lieux révoquera ces privilèges.

En 1762, James Murray, premier gouverneur britannique du Québec, établit la station des pilotes à l'île du Bic. Elle y demeurera jusqu'en 1905, puis sera transférée à Pointe-au-Père. Parmi les pilotes qui s'installèrent dans la région vers 1787, on recense Joseph Labrie, qui se fait concéder la terre défrichée par son père José au Vieux-Bic, Jean-Pierre Arsenau, Acadien d'origine, qui épousa la fille de José Labrie, et Antoine Petit, dont la mère tenait une maison de repos au pied des Murailles, dans le voisinage de l'anse à Mercier. À l'instar de Labrie, les premiers résidents du territoire vivent indirectement de la terre, lui préférant les ressources issues de la mer ou le métier de pilote.

En 1822, le notaire Archibald Campbell acquiert la seigneurie du Bic et devient le premier seigneur résidant sur place. Il construit, en 1825, un moulin à farine au pied de la chute de la rivière du Bic, au nord de l'actuel chemin de fer. À cette époque, on recensait 27 familles résidentes et 48 terres cédées en concession.

L'exploitation forestière semble devenir la première ressource financière de la région. Selon toute vraisemblance, c'est Pritchard qui y aurait fait construire la première scierie. Vers 1825, William Price, riche marchand de l'époque, rachète toutes les scieries du Bas Saint-Laurent. Des colons s'installèrent dans la région, végétant de peine et de misère sur des terres à peine défrichées et vivant de la coupe du bois durant l'hiver. Avec la construction de scieries Price au Bic, le territoire se développe rapidement et le havre du Bic est aménagé pour l'expédition du bois vers l'Angleterre. La population du Bic passe de 203 individus en 1842 à 1 391 en 1851.

En 1873, le chemin de fer Intercolonial relie désormais Rivière-du-Loup à Rimouski et facilite de ce fait l'accès au Bas-Saint-Laurent. Des stations balnéaires sont créées à Métis-sur-Mer, au Bic et à Saint-Fabien-sur-mer.

La pointe du cap à l'Orignal fut un site de villégiature très apprécié.

Vers la fin du XIXᵉ siècle, trois familles occupaient le cap à l'Orignal. Dans l'anse à Rioux, la famille du même nom possédait une petite terre dont la maison et la grange ont été préservées. La maison Rioux, rénovée par le ministère du Loisir, de la Chasse et de la Pêche, fut construite en 1908 ; anciennement, la famille habitait une autre maison située à 20 m plus au sud. Cyrice Rioux, dernier propriétaire, partageait ces lieux en compagnie de ses six frères et de ses cinq sœurs. Il hérita de la ferme familiale le 7 septembre 1914. La terre produisait un maigre fourrage pour les animaux. Durant les années 1920 et 1930, la famille Rioux se consacra à l'élevage de 16 à 28 vaches, de porcs, de poules et d'une trentaine d'oies.

Chaque printemps, la famille Rioux tendait des filets pour capturer du hareng, abondant dans la baie du Ha! Ha! et dans l'anse à l'Orignal. Une petite quantité de harengs était salée, mais la plus grande partie des captures était vendue comme engrais à des agriculteurs de la région.

Certains membres de la famille allaient chasser le phoque sur les côtes de l'île du Bic. Au cours des années 1930, Edgar Rioux, fils de Cyrice, se souvient d'avoir abattu près de 65 phoques au cours d'un seul été. Le dépeçage des carcasses et la fonte de l'huile s'opéraient sur l'île. Une belle peau de phoque valait près de cinq dollars et le gallon d'huile se détaillait environ un dollar.

La partie est du cap à l'Orignal relevait de la ferme de François-Régis Michaud. La famille habitait alors l'actuel chalet Wooton alors que la grange de l'époque se vit ultérieurement convertir en chalet (chalet Feindel). La terre passa ensuite entre les mains d'Hypolite Michaud, puis d'Arsène Michaud. Ce dernier vendit le terrain, appelé la terre du Nord, à Walter Lyman en 1922.

La famille d'Abraham Dumas occupait une terre qui donnait sur la baie du Ha! Ha! et qui englobait une bonne partie du site de l'actuel camp de vacances. Le patriarche la céda à son gendre Hypolite Michaud, le 25 octobre 1870. La terre fut ensuite exploitée par Arsène Michaud, fils d'Hypolite, puis fut vendue à Adrien Michaud, le 8 août 1956. Après l'expropriation, la maison d'Adrien Michaud fut incendiée.

Les chalets du cap à l'Orignal et du tombolo du cap Enragé

Plusieurs chalets ont été conservés à l'intérieur du territoire actuel du parc. Les visiteurs s'y attardent parfois; autrefois, ils servaient de résidences estivales à quelques familles bourgeoises.

Seule construction encore existante sur le tombolo du cap Enragé, le chalet Plasse fut érigé par Elzéar Plasse sur un site enchanteur et d'accès difficile. Près de la demeure, le visiteur peut découvrir les vestiges d'un lac artificiel dont le niveau d'eau salée était assujetti par un barrage.

Le secteur du cap à l'Orignal conserve cinq chalets entre l'anse à Wilson et l'anse à Voilier. Faisant face à l'anse Wilson, le chalet Desjardins, du nom du dernier propriétaire, Jean Desjardins, fut construit au cours des années 1920 par Harry Wilson, l'un des fondateurs du golf du Bic. Monsieur Desjardins acheta le chalet au fils de Monsieur Wilson, le 7 juillet 1972.

Le chalet Wooton, également appelé la maison du Nord, était la résidence de la famille François-Régis Michaud et fut construite vers le milieu du XIXe siècle. Cette

Le chalet Wooton.

Le très beau chalet Lyman.

demeure comportait, à l'origine, deux pièces avec un poêle (emplacement actuel du foyer) localisé au centre du bâtiment. C'est une construction pièce sur pièce à coulisse (la pièce horizontale a un tenon qui s'emboîte dans une pièce verticale située à l'angle de la maison ou aux ouvertures et qui est un poteau de coin à mortaise) et le revêtement est fait de planches embouvetées. La charpente du toit est en pièces de 12,7 cm taillées en carré à la hache et à l'herminette, puis assemblées par des chevilles de bois. Les pièces des murs, probablement en pin et en cèdre, sont étoupées avec de la filasse de lin et du mortier. Le plancher intérieur est en épinette alors que le plafond est en pin. Les poutres sont équarries à l'herminette et finies à la varlope dans la pièce située à l'est, alors que la finition est moins soignée dans la pièce située à l'ouest. Une trappe installée dans chacune des deux pièces de la maison servait probablement à conserver les aliments périssables.

En 1922, Walter Lyman, agent d'assurance de Montréal et ancien colonel de l'armée canadienne, achète à Arsène Michaud 350 acres de terre au cap à l'Orignal, ainsi que les dépendances existantes. La maison du fermier est offerte le 12 janvier 1924 à son beau-frère, le docteur Francis Scrimger, chirurgien en chef à l'hôpital Royal Victoria de Montréal. Sa fille Jean hérita de cette résidence qui prit le nom de son mari, le capitaine T.A. Wooton.

Le très beau chalet Lyman fut construit vers 1922 ; celui-ci domine le secteur nord du cap à l'Orignal. Le colonel Lyman fréquentait déjà les environs du Vieux-Bic et fut séduit par le paysage et la sérénité du cap à l'Orignal. Le bâtiment situé à proximité du chalet fut probablement utilisé comme écurie, garage et glacière. Le campanile (clocher ajouré) de cette annexe aurait pu servir à la ventilation ou comme pigeonnier.

Le chalet Feindel, l'ex-grange de la ferme Michaud, a également été cédé par le colonel Lyman à sa belle-sœur, Muriel Scrimger. Lorsque la bâtisse fut convertie en modeste résidence, celle-ci fut louée aux professeurs Wynne-Edouards de 1935 à 1946 et Norris Giblins de 1947 à 1954. Vers 1955, le chalet fut vendu à la fille du colonel Lyman, Madame Faith Lyman-Feindel.

Situé à proximité des chalets Wooton et Feindel, le chalet Giblins aurait été construit vers les années 1947-1948 pour Monsieur Norris Giblins, professeur de physiologie à l'Université McGill.

On sait que Homer John Scoggan, botaniste au Musée national du Canada, possédait un chalet près de la baie du Ha! Ha! Il fréquenta le territoire du parc et herborisa dans la péninsule gaspésienne pendant 38 ans. Il a ainsi contribué à accroître nos connaissances sur les plantes vasculaires de la région du Bic, dont les 710 espèces sont décrites dans un ouvrage intitulé *The Flora of Bic and the Gaspé Peninsula, Quebec*.

La colonie de vacances du cap à l'Orignal

L'histoire du camp Louis-Georges Lamontagne date des années 1940, époque durant laquelle la troupe de scouts du séminaire de Rimouski venait camper sur une partie des terres de M. Adrien Michaud sises au cap à l'Orignal. L'aumônier de la troupe, l'abbé Louis-Georges Lamontagne, est également professeur de sciences naturelles. Vers la fin des années 1940, ce camp estival accueille également des jeunes non affiliés au mouvement scout. Au printemps, Mgr Courchesne, l'évêque de Rimouski, charge l'abbé Lamontagne d'établir une véritable colonie de vacances sur le site dévolu depuis quelques années au camp scout.

En 1948 et 1949, la nouvelle colonie héberge une quarantaine d'enfants qui logeront sous la tente. Tout le fonctionnement de la petite organisation repose sur le bénévolat. Après quelque temps, une corporation est fondée, des bâtiments sont érigés et une piscine est creusée. La réputation de cette colonie de vacances est toujours vivace dans la région ; depuis une quarantaine d'années, on y a accueilli près de 45 000 jeunes et moins jeunes. Une large place est accordée aux sciences naturelles. La direction générale est assurée depuis quelque temps par M. Berthier Deschesne.

Aujourd'hui, le camp peut accueillir jusqu'à 158 jeunes âgés de 7 à 13 ans. Ces derniers ont le privilège de séjourner pendant des périodes variant de 7 à 28 jours et de pratiquer différentes activités de plein air.

L'anse à Mouille-Cul de la pointe du cap à l'Orignal fut, à l'époque de la prohibition, le lieu de livraison de l'alcool de contrebande venu de Saint-Pierre et Miquelon.

Par son relief qui dessine une mosaïque d'îlots, de récifs et de caps orientés vers le fleuve, le parc du Bic constitue un site unique qui invite à la découverte du paysage environnant, à la promenade et à la contemplation.

Ce territoire géré par le gouvernement du Québec offre aux visiteurs des activités bien encadrées d'interprétation de la nature ou, pour ceux et celles qui recherchent des formes de loisir moins conviviales, de magnifiques sentiers de randonnée pédestre, une piste cyclable et des points d'observation uniques. Des aires de pique-nique et des installations sanitaires sont disponibles en maints endroits. À l'entrée du parc, deux postes d'accueil renseignent la clientèle sur les activités et les commodités offertes sur le terrain.

Les activités et les services offerts au parc du Bic

En période estivale, le centre d'interprétation est l'endroit tout désigné pour commencer la visite de cette région naturelle. La salle d'exposition du centre renseigne le visiteur sur la géologie, la flore et la faune du territoire ; en outre, de magnifiques diaporamas y sont régulièrement présentés. Un animateur répond aux questions concernant les phénomènes naturels et les organismes vivants présents ou visibles dans le parc.

Non loin du stationnement qui jouxte la maison Rioux, un sentier archéologique localisé dans la partie est de la montagne à Michaud conduira le visiteur sur un site occupé anciennement par des Amérindiens.

Les amateurs de randonnée pédestre seront enchantés par la splendeur du littoral. Une carte de l'ensemble du parc indique les aires de marche facilement accessibles et donne une table des marées. Certains passages sont d'accès difficile à marée haute. Les pistes aménagées, surtout dans la montagne à Michaud, couvrent 14 km environ et leur degré de difficulté est indiqué dans le dépliant du parc.

Une piste cyclable de 10,4 km court de l'île à D'Amours jusqu'à l'îlet au Flacon, en passant par la coulée à Blanchet. Il est possible de louer des bicyclettes auprès du personnel de la guérite installée à l'entrée de la colonie de vacances du cap à l'Orignal, ou au terrain de camping près de l'anse de la rivière du Sud-Ouest.

Deux belvédères, localisés à Saint-Fabien et au pic Champlain, permettent aux visiteurs d'admirer le relief accidenté du parc ou d'observer les rapaces pendant la période de migration.

La récolte des mollusques peut être pratiquée dans les zones d'ambiance que sont la baie du Ha! Ha!, l'anse de la rivière du Sud-Ouest et l'anse aux Bouleaux. Dans le but de vérifier si la zone n'est pas fermée pour raison de toxicité ou de pollution, il est

Le centre d'interprétation.

préférable de consulter les affiches *ad hoc* ou de communiquer par téléphone avec Information Mollusques, de Pêches et Océans Canada, au numéro 1-800-463-0607.

Il est interdit de faire la cueillette de plantes, incluant les fougères, sur le territoire du parc du Bic. Toutefois, la récolte de fruits sauvages et de champignons est permise dans les zones de service et d'ambiance. Personne n'est autorisé à se rendre au cap Enragé, qui a été désigné comme zone de préservation extrême.

Les activités d'interprétation

Le parc offre des séances d'interprétation qui ont pour objectif de présenter et de mettre en valeur les caractéristiques de cette région naturelle. Sous le thème « Un paysage hérité de la mer », un animateur commente, au cours d'une excursion au pic Champlain, l'histoire géologique de la région. La promenade guidée à l'île à D'Amours explique l'évolution qu'a subie le paysage et les mécanismes d'érosion et de sédimentation qui ont modelé le littoral. À la pointe aux Épinettes, l'activité se concentre sur la formation et la composition du marais salé et des organismes vivants de l'estran. Régulièrement, un animateur accueille les visiteurs à l'anse des Pilotes pour observer et discuter de la présence des phoques sur les blocs glaciels. Près de la grange Rioux, deux courtes pièces de théâtre sont proposées en saison à la clientèle ; la première, intitulée « Un phoque… peu commun », jette un regard amusant sur la vie et les mœurs de ces mammifères marins et la seconde, « L'histoire, c'est enfantin », s'intéresse au peuplement de la région du Bic. Des conférences thématiques portant sur l'eider à duvet, les phoques, les oiseaux, la flore, les marées et l'histoire naturelle de la région sont offertes régulièrement au centre d'interprétation (en saison : (418) 869-3502).

Les activités des partenaires associés

Les partenaires associés au développement de la région dispensent également des services qui permettent de connaître et d'apprécier les richesses du parc. Le comité de développement Bic/Saint-Fabien gère un terrain de camping où se louent des bicyclettes. Il offre également des balades en minibus et un service de navettes au pic Champlain d'où l'on découvre le plus beau point de vue du Bas-Saint-Laurent. Les départs se font au stationnement du pic Champlain et il y a des frais d'utilisation.

Informations touristiques

Le comité de développement Bic/Saint-Fabien publie annuellement une brochure sur les services d'hébergement ou de restauration offerts à proximité du parc du Bic. Un bureau d'information touristique est également ouvert à Saint-Fabien le long de la route 132. Pour renseignements ou réservation, on peut écrire au Comité de développement Bic/Saint-Fabien, 33, route 132, Case postale 550, Saint-Fabien (Québec) G0L 2Z0 ou téléphoner au (418) 869-3333.

Services offerts par le camp de vacances du cap à l'Orignal

Le camp de vacances du cap à l'Orignal accueille pour de courts ou de longs séjours des jeunes de 7 à 13 ans ; il offre en saison (juillet et août) un service de cafétéria pour les visiteurs. On peut louer des bicyclettes à la guérite installée à l'entrée du camp par la route n° 1. Le camp reçoit sur réservation seulement des groupes ou des familles pour de courts séjours. Ce service est offert de la mi-mai à la mi-octobre. Pour renseignements ou réservation, on peut téléphoner au (418) 723-7749 en hiver et au (418) 869-2255 en été, ou écrire au Camp du cap à l'Orignal, Case postale 908, Rimouski (Québec) G5L 7C9.

Excursions fluviales

Le Comité pour le libre accès à la mer du Bic inc., alias le CLAM inc., administre un petit port de plaisance de 27 emplacements et une rampe de mise à l'eau dans le havre du Bic. L'utilisation de la rampe est gratuite. C'est également le point de ralliement d'entreprises privées qui proposent des excursions en mer. Celles-ci durent environ deux heures et se font en canot pneumatique (Alibi Tours (418) 736-5232 ou 736-4913) ou en bateau (Marine Vacances (418) 736-5739). Comme les tarifs et les heures de départ varient, il est prudent de se renseigner auprès des organismes concernés. Un service de location et d'excursion en kayak est également offert : Kayak Aventures (Kayak de mer): 1-800-303-5292 ou (418) 736-5993, ou Kayak Orca : (418) 736-5409.

Informations complémentaires

Pour de plus amples renseignements, il faut communiquer avec le personnel du parc du Bic au 212, rue Belzile, Rimouski G5L 3C3 ou téléphoner au (418) 727-3511.

Nom français	Nom scientifique	P	E	A	H
Huart à collier	(Gavia immer)	r	c	f	o
Huart à gorge rousse	(Gavia stellata)	r		i	o
Grèbe jougris	(Podiceps grisegena)	i		c	
Grèbe cornu	(Podiceps auritus)			i	o
Grèbe à bec bigarré	(Podilymbus podiceps)			i	
Fou de Bassan	(Morus bassanus)			r	
Cormoran à aigrettes	(Phalacrocorax auritus)	a	a	a	
Grand héron	(Ardea herodias)	a	a	a	
Héron vert	(Butorides striatus)	r	o	i	
Bihoreau à couronne noire	(Nycticorax nycticorax)	f	c	r	
Butor d'Amérique	(Botaurus lentiginosus)	i		i	
Ibis falcinelle	(Plegadis falcinellus)	o			
Bernache du Canada	(Branta canadensis)	a	o	f	
Bernache cravant	(Branta bernicla)	c		f	
Oie des neiges	(Anser caerulescens)	c	r	f	
Canard colvert	(Anas patyrhynchos)	c	f	f	o
Canard noir	(Anas rubripes)	a	c	a	o
Canard chipeau	(Anas strepera)	f	r	i	
Canard siffleur d'Amérique	(Anas americana)	i		i	
Canard pilet	(Anas acuta)	c	o	f	
Sarcelle à ailes vertes	(Anas crecca)	c	f	f	
Sarcelle à ailes bleues	(Anas discors)	c	o	f	
Canard siffleur d'Europe	(Anas penelope)			i	
Canard souchet	(Anas clypeata)	i			
Canard branchu	(Aix sponsa)	r			
Morillon à collier	(Aythya collaris)	f		r	
Grand Morillon	(Aythya marila)	f		o	
Petit Morillon	(Aythya affinis)	f		o	
Garrot à œil d'or	(Bucephala clangula)	a	o	c	f
Garrot de Barrow	(Bucephala islandica)	f	r	f	f
Petit Garrot	(Bucephala albeola)	o		i	
Canard kakawi	(Clangula hyemalis)	a	f	c	c
Eider à duvet	(Somateria mollissima)	a	a	a	c
Eider à tête grise	(Somateria spectabilis)	r	r		
Macreuse à ailes blanches	(Melanitta fusca)	i	r	f	
Macreuse à front blanc	(Melanitta perspicillata)	c	f	a	o
Macreuse à bec jaune	(Melanitta nigra)	o		o	
Canard roux	(Oxyura jamaicensis)	i			
Bec-scie couronné	(Lophodytes cucullatus)	f	o	r	
Bec-scie à poitrine rousse	(Mergus serrator)	f	r	f	c
Autour des palombes	(Accipiter gentilis)	o		r	o
Épervier brun	(Accipiter striatus)	c	r	o	
Épervier de Cooper	(Accipiter cooperii)	r		i	
Buse à queue rousse	(Buteo jamaicensis)	c	o	r	
Petite Buse	(Buteo platypterus)	f		r	
Buse pattue	(Buteo lagopus)	c	o	o	
Aigle royal	(Aquila chrysaetos)	o			
Pygargue à tête blanche	(Haliaeetus leucocephalus)	o	r		
Balbuzard pêcheur	(Pandion haliaetus)	o	c	o	
Busard Saint-Martin	(Circus cyaneus)	f	o	o	
Faucon gerfaut	(Falco rusticolus)	i		i	
Faucon pèlerin	(Falco peregrinus)	o	o	o	o
Faucon émerillon	(Falco columbarius)	f	o	f	
Crécerelle d'Amérique	(Falco sparverius)	c	f	c	

Nom français	Nom scientifique	P	E	A	H
Gélinotte huppée	(Bonasa umbellus)	r	f	f	f
Pluvier semipalmé	(Charadrius semipalmatus)	o		c	
Pluvier kildir	(Charadrius vociferus)	a	c	a	
Pluvier doré d'Amérique	(Pluvialis dominica)			f	
Pluvier argenté	(Pluvialis squatarola)	r	o	a	
Tournepierre à collier	(Arenaria interpres)			o	f
Bécasse d'Amérique	(Scolopax minor)	f		i	
Bécassine des marais	(Gallinago gallinago)	f	f	r	
Courlis corlieu	(Numenius phaeopus)			r	
Maubèche des champs	(Bartramia longicauda)	f	f	r	
Maubèche branle-queue	(Tringa macularia)	f	c	f	
Chevalier solitaire	(Tringa solitaria)	r	o	f	
Grand chevalier	(Tringa melanoleuca)	c	f	a	
Petit chevalier	(Tringa flavipes)	c	f	a	
Bécasseau maubèche	(Calidris canutus)			r	
Bécasseau à poitrine cendrée	(Calidris melanotos)			o	
Bécasseau à croupion blanc	(Calidris fuscicollis)			o	
Bécasseau de Baird	(Calidris bairdii)			r	
Bécasseau minuscule	(Calidris minutilla)	o		f	
Bécasseau variable	(Calidris alpina)	r		r	
Bécasseau roux	(Limnodromus griseus)	f	f	o	
Bécasseau semipalmé	(Calidris pusilla)	r	o	f	
Barge marbrée	(Limosa fedoa)			r	
Barge hudsonienne	(Limosa haemastica)			r	
Bécasseau sanderling	(Calidris alba)			r	
Avocette d'Amérique	(Recurvirostra americana)	o			
Phalarope de Wilson	(Steganopus tricolor)	r			
Goéland bourgmestre	(Larus hyperboreus)	o		r	o
Goéland arctique	(Larus glaucoides)	f	r	o	c
Goéland à manteau noir	(Larus marinus)	a	a	a	c
Goéland argenté	(Larus argentatus)	a	a	a	c
Goéland à bec cerclé	(Larus delawarensis)	a	a	a	
Mouette rieuse	(Larus ridibundus)	o			
Mouette de Franklin	(Larus pipixcan)		r		
Mouette de Bonaparte	(Larus philadelphia)				i
Mouette tridactyle	(Rissa tridactyla)	i	o	r	o
Petit pingouin	(Alca torda)				i
Guillemot à miroir	(Cepphus grylle)	o	c	f	f
Pigeon biset	(Columba livia)	c	o	f	a
Tourterelle triste	(Zenaida macroura)	o	f	o	f
Grand-duc d'Amérique	(Bubo virginianus)	i		i	o
Harfang des neiges	(Nyctea scandiaca)			r	o
Chouette rayée	(Strix varia)	r	r	r	i
Chouette lapone	(Strix nebulosa)			i	
Hibou des marais	(Asio flammeus)	r			
Nyctale boréale	(Aegolius funereus)	r			
Petite Nyctale	(Aegolius acadicus)	r			
Martinet ramoneur	(Chaetura pelagica)	i	o		i
Colibri à gorge rubis	(Archilochus colubris)	i	f	f	
Martin-pêcheur d'Amérique	(Megaceryle alcyon)	c	f	c	
Pic flamboyant	(Colaptes auratus)	c	f	c	
Grand Pic	(Dryocopus pileatus)	i			
Pic maculé	(Sphyrapicus varius)	r			
Pic chevelu	(Picoides villosus)	o		f	o

Nom français	Nom scientifique	P	E	A	H
Pic mineur	(Picoides pubescens)	f	f	f	c
Pic à dos noir	(Picoides arcticus)	r	o	o	
Pic tridactyle	(Picoides tridactylus)			r	o
Tyran tritri	(Tyrannus tyrannus)	i	f	r	
Moucherolle à ventre jaune	(Empidonax flaviventris)		f		
Moucherolle des aulnes	(Empidonax alnorum)		c	r	
Moucherolle tchébec	(Empidonax minimus)	r	c		
Pioui de l'Est	(Contopus virens)		f	r	
Moucherolle à côtés olive	(Contopus borealis)		f		
Alouette cornue	(Eremophila alpestris)	f	r	f	o
Hirondelle bicolore	(Tachycineta bicolor)	c	c	r	
Hirondelle de rivage	(Riparia riparia)	r	o		
Hirondelle des granges	(Hirundo rustica)	f	a	o	
Hirondelle à front blanc	(Hirundo pyrrhonata)	r			
Geai du Canada	(Perisoreus canadensis)			r	
Geai bleu	(Cyanocitta cristata)	o	c	f	c
Grand corbeau	(Corvus corax)	c	c	a	a
Corneille d'Amérique	(Corvus brachyrhynchos)	a	a	a	a
Mésange à tête noire	(Parus atricapillus)	c	c	a	a
Mésange à tête brune	(Parus hudsonicus)	o	r	c	c
Sittelle à poitrine rousse	(Sitta canadensis)	o	c	f	f
Grimpereau brun	(Certhia americana)	r		r	o
Troglodyte des forêts	(Troglodytes troglodytes)	f	c	r	
Moqueur polyglotte	(Mimus polyglottos)	i	o		
Moqueur chat	(Dumetella carolinensis)	r	f	o	
Moqueur roux	(Toxostoma rufum)	i	r	i	
Merle d'Amérique	(Turdus migratorius)	a	a	a	o
Grive solitaire	(Catharus guttatus)	r	o	r	
Grive à dos olive	(Catharus ustulatus)	r	a	f	
Grive fauve	(Catharus fuscescens)	r	a	r	
Merlebleu de l'Est	(Sialia sialis)	i			
Roitelet à couronne dorée	(Regulus satrapa)	r	f	f	o
Roitelet à couronne rubis	(Regulus calendula)	c	c	f	
Pipit spioncelle	(Anthus spinoletta)	r		r	
Jaseur boréal	(Bombycilla garrulus)	r		r	
Jaseur des cèdres	(Bombycilla cedrorum)	r	c	c	o
Pie-grièche grise	(Lanius excubitor)	r		o	o
Pie-grièche migratrice	(Lanius ludovicianus)			i	
Étourneau sansonnet	(Sturnus vulgaris)	a	a	c	a
Viréo aux yeux rouges	(Vireo olivaceus)	i	a	o	
Viréo de Philadelphie	(Vireo philadelphicus)	i	o	r	
Paruline noir et blanc	(Mniotilta varia)	r	f	o	
Paruline obscure	(Vermivora peregrina)	r	a	f	
Paruline verdâtre	(Vermivora celata)			i	
Paruline à joues grises	(Vermivora ruficapilla)	r	c	r	
Paruline à collier	(Parula americana)	r	f	r	
Paruline jaune	(Dendroica petechia)	i	f	i	
Paruline à tête cendrée	(Dendroica magnolia)	o	c	o	
Paruline tigrée	(Dendroica tigrina)	i	o	i	
Paruline bleue à gorge noire	(Dendroica caerulescens)	i	f		
Paruline à croupion jaune	(Dendroica coronata)	f	c	c	o
Paruline à gorge orangée	(Dendroica fusca)	i	f	r	
Paruline à flancs marron	(Dendroica pensylvanica)		o		
Paruline à poitrine baie	(Dendroica castanea)	i	f	i	

Nom français	Nom scientifique	P	E	A	H
Paruline rayée	(Dendroica striata)		f	r	
Paruline des pins	(Dendroica pinus)			i	
Paruline à couronne rousse	(Dendroica palmarum)			r	
Paruline couronnée	(Seiurus aurocapillus)	o	a	i	
Paruline des ruisseaux	(Seiurus noveboracensis)	r	o	i	
Paruline triste	(Oporornis philadelphia)	i	o		
Paruline masquée	(Geothlypis trichas)		c	f	
Paruline à calotte noire	(Wilsonia pusilla)		r	r	
Paruline du Canada	(Wilsonia canadensis)	i	c	r	
Paruline flamboyante	(Setophaga ruticilla)	r	a	o	
Moineau domestique	(Passer domesticus)	c	c	f	a
Goglu des prés	(Dolichonyx oryzivorus)	o	f	r	
Sturnelle des prés	(Sturnella magna)	r	r		
Carouge à épaulettes	(Agelaius phoeniceus)	a	a	o	
Oriole du Nord	(Icterus galbula)		r		
Quiscale rouilleux	(Euphagus carolinus)		r	i	
Quiscale bronzé	(Quiscalus quiscula)	a	a	f	
Vacher à tête brune	(Molothrus ater)	c	f	f	c
Tangara écarlate	(Piranga olivacea)		r	r	
Cardinal à poitrine rose	(Pheucticus ludovicianus)	r	f	r	
Gros-bec errant	(Hesperiphona vespertina)	c	c	f	a
Roselin pourpré	(Carpodacus purpureus)	f	c	f	o
Durbec des pins	(Pinicola enucleator)	r		f	c
Sizerin flammé	(Carduelis flammea)	o		r	c
Chardonneret des pins	(Carduelis pinus)	f	f	o	c
Chardonneret jaune	(Carduelis tristis)	f	a	f	
Bec-croisé à ailes blanches	(Loxia leucoptera)	r	o	f	c
Bruant des prés	(Passerculus sandwichensis)	c	a	f	
Bruant à queue aiguë	(Ammodramus caudacuta)			i	
Junco ardoisé	(Junco hyemalis)	c	a	a	
Bruant hudsonien	(Spizella arborea)	f	r	o	
Bruant familier	(Spizella passerina)	f	a	f	
Bruant des champs	(Spizella pusilla)	i			
Bruant à couronne blanche	(Zonotrichia leucophrys)	f	o	f	c
Bruant à gorge blanche	(Zonotrichia albicollis)	c	a	c	
Bruant fauve	(Passerella iliaca)	o	o	r	
Bruant de Lincoln	(Melospiza lincolnii)	r	f	r	
Bruant des marais	(Melospiza georgiana)	i	o	i	
Bruant chanteur	(Melospiza melodia)	a	a	c	
Bruant lapon	(Calcarius lapponicus)	r			
Bruant des neiges	(Plectrophenax nivalis)	r		o	a

Les saisons au parc du Bic

P ➤ printemps, du début mars à la fin de mai
E ➤ été, du début de juin à la fin de juillet
A ➤ automne, du début d'août à la fin de novembre
H ➤ hiver, du début de décembre à la fin février

Fréquence des observations

a ➤	abondant	o ➤	occasionnel
c ➤	commun	r ➤	rare
f ➤	fréquent	i ➤	inusité

Source : Parc du Bic, liste établie avec la collaboration du Club d'ornithologie du Bas-Saint-Laurent.

Inventaire floristique du parc de conservation du Bic par les membres de la SAJIB (1990), DANIEL FORTIN et LOUIS BELZILE (1989, 1991, 1992 et 1994).

Cet inventaire floristique fut compilé entre le 16 et le 23 juin 1990, lors des excursions des membres de la Société d'animation du jardin et de l'institut botaniques. Les données recueillies lors des herborisations préparatoires à ces excursions entre le 14 août et le 19 août 1989 sont aussi consignées (ces dernières ont été recueillies par Daniel Fortin) ; il est complété par les observations obtenues durant les excursions de Daniel Fortin et Louis Belzile entre le 23 et le 30 juin 1991, le 11 et le 16 août 1991, le 19 et le 22 mai 1992 et le 24 juin et le 2 juillet 1994.

Nous avons utilisé comme source la liste des plantes vasculaires du parc de Bic publiée dans le Plan directeur du parc du Bic, en 1987. Nous l'avons complétée avec nos observations.

Cette liste comporte les noms scientifiques des plantes susceptibles d'être observées sur le territoire du parc du Bic, si la plante fut observée lors des herborisations des groupes lors de notre terrain en 1990, lors du pré-terrain par Daniel Fortin en août 1989 ou durant les excursions de 1991, 1992 et 1994, sa localisation est inscrite sous la forme d'une abréviation. La fréquence du taxon y est aussi soulignée à titre indicatif; celle-ci découle d'observations empiriques.

Les abréviations utilisées signifient:

GEN-o	➤	Distribution générale dans les milieux ouverts
GEN-f	➤	Distribution générale dans les milieux forestiers
BDM	➤	Distribution générale sur le bord de mer
COR	➤	Site du camp à l'Orignal (colonie de vacances)
CAO	➤	Cap à l'Orignal
ACO	➤	Anses du cap à l'Orignal
MAM	➤	Montagne à Michaud
PAE	➤	Pointe aux Épinettes
MDM	➤	Montagne des Moutons
MOC	➤	Mont Chocolat
PIC	➤	Pic Champlain et le sommet des Murailles
MSA	➤	Marais salé
BHA	➤	Baie du Ha ! Ha !
IAA	➤	Île à D'Amours
TOM	➤	Tombolo du cap Caribou
CAM	➤	Site du camping
TOU	➤	Tourbière
COU	➤	La coulée à Blanchet
EXT	➤	À l'extérieur des limites du Parc
RSO	➤	Rivière du Sud-Ouest
MGA	➤	Maison Gagnon
SBR	➤	Secteur de la baie Rose et du poste d'accueil
ACI	➤	Autour du centre d'interprétation
CIT	➤	La Citadelle
CHC	➤	Champs cultivés à l'intérieur du parc
?-	➤	Souligne que l'identification est incertaine

Nom scientifique	Localisation	Fréquence
Abies balsamea	GEN-f	abondant
Acer pensylvanicum	GEN-f	abondant
Acer rubrum	PIC	localisé
Acer saccharum	PIC	localisé
Acer spicatum	GEN-f	abondant
Achillea millefolium	BDM	commun
Actaea alba		
Actaea rubra	GEN-f	abondant
Adlumia fungosa	COU-PIC	rare
Aesculus hippocastanum	RSO	localisé
Agarum cribrosum	BDM	abondant
Agrimonia sp.	PIC	localisé
Agrimonia striata	RSO	localisé
Agropyron repens		
Agropyron trachycaulum		
Agrostis borealis		
Agrostis hyemalis		
Agrostis maritima		
Agrostis scabra		
Agrostis stolonifera		
Agrostis tenuis		
Allium schoenoprasum	PAE	très localisé

Nom scientifique	Localisation	Fréquence
Alnus crispa	PAE	localisé
Alnus mollis	PIC	localisé
Alnus rugosa	GEN-o	abondant
Amelanchier arborea		
Amelanchier bartramiana	PIC-MAM	localisé
Amelanchier fernaldii		
Amelanchier gaspensis		
Amelanchier humilis	GEN-o	fréquent
Amelanchier laevis		
Amelanchier sanguinea		
Amelanchier stolonifera		
Amelanchier wiegandii		
Ammophila breviligulata	ACO	très localisé
Anaphalis margaritacea	GEN-o	abondant
Anemone canadensis	GEN-o	localisé
Anemone riparia		
Angelica atropurpurea		
Angelica lucida		
Antennaria neglecta	GEN-o	localisé
Anthemis tinctoria	PAE	localisé
Anthriscus sylvestris	ACO	abondant/localisé
Apocynum androsaemifolium	CAM	commun

Nom scientifique	Localisation	Fréquence
Aquilegia canadensis	GEN-BDM	commun
Arabis divaricarpa	ACO-IAA	localisé
Arabis drummondii		
Arabis hirsuta		
Arabis holboellii		
Arabis holboellii var. collinsii	IAA	localisé
Arabis laevigata	PAE	localisé
Aralia hispida	TOM	localisé
Aralia nudicaulis	GEN-f	abondant
Arctium lappa	BR2	localisé
Arctium minus	GEN-o	localisé
Arctostaphylos uva-ursi	GEN	abondant
Arenaria lateriflora	ACO	localisé
Arenaria peploides	BHA-IAA	commun
Arethusa bulbosa	EXT	localisé
Artemisia campestris		
ssp. canadensis	TOM	localisé
Artemisia canadensis	BDM	localisé
Artemisia ludoviciana	TOM-?	localisé
Artemisia stelleriana	TOM	localisé
Artemisia vulgaris	GEN-o	localisé
Ascophyllum nodosum	BDM	commun
Asplenium trichomanes		
Asplenium viride	MOC-PIC	rare
Aster acuminatus	CAO	localisé
Aster lateriflorus	RSO	localisé
Aster macrophyllus	GEN-f	abondant
Aster novi-belgii	BR2	localisé
Aster puniceus	BR2	abondant
Aster umbellatus	BR1	abondant
Athyrium filix-femina		
Atriplex glabriuscula		
Atriplex hastata	BDM	commun
Atriplex patula	BDM	localisé
Avena sativa	COR	localisé
Barbarea vulgaris		
Betula alleghaniensis	MAM-COU	localisé
Betula papyrifera	PIC-GEN-f	commun
Bidens frondosa		
Botrychium lanceolatum		
Botrychium lunaria		
Botrychium matricariifolium	COR-CAO	localisé
Botrychium minganense		
Botrychium multifidum		
Botrychium virginianum	MAM-COU	localisé
Brassica rapa	PIC	localisé
Bromus inermis		
Cakile edentula	BHA-BDM	commun
Calamagrostis canadensis		
Calamagrostis inexpansa		
Calopogon pulchellus	EXT	localisé
Calypso bulbosa		
Campanula rapunculoides		
Campanula rotundifolia	BDM	commun
Capsella bursa-pastoris	GEN-o	commun
Caragana arborescens	PAE-MGA	localisé
Carex amblyorhyncha		

Nom scientifique	Localisation	Fréquence
Carex backii		
Carex concinna		
Carex disperma		
Carex flava		
Carex paleacea		
Carex tenera		
Carex trisperma		
Cassandra calyculata	TOU	abondant
Cerastium arvense	GEN-o	commun
Cerastium beeringianum		
Chamaesaracha grandiflora	COU	rare
Chelone glabra	RSO	localisé
Chenopodium album	GEN-o	localisé
Chenopodium capitatum		
Chenopodium hybridum		
Chimaphila umbellata	TOM-MAM-IAA	commun
Chiogenes hispidula	TOU-EXT	commun
Chondrus crispus	BDM	commun
Chrysanthemum leucanthemum	GEN-o	abondant
Cicuta maculata	BR2	localisé
Cinna latifolia		
Circaea alpina	IAA	localisé
Cirsium arvense	GEN-o	localisé
Cirsium vulgare	RSO	localisé
Clematis virginiana	RSO	localisé
Clintonia borealis	GEN-f	abondant
Coelopleurum lucidum	BHA	localisé
Comandra livida	BHA	localisé
Comandra richardsiana	TOM-MAM	abondant
Comandra umbellata		
Conioselinum chinense	IAA	localisé
Conringia orientalis	COR	localisé
Convolvulus arvensis	BHA	commun
Convolvulus sepium		
Coptis groenlandica	COU	localisé
Corallorhiza maculata	MAM	localisé
Corallorhiza trifida	MDM-MAM	localisé
Cornus canadensis	GEN-f	abondant
Cornus rugosa	CAO	localisé
Cornus stolonifera	GEN-o	commun
Corydalis aurea	TOM-PIC	rare
Corydalis sempervirens	PIC	localisé
Corylus cornuta	PIC	localisé
Cryptogramma stelleri	IAA	localisé
Cypripedium acaule	MAM	localisé
Cypripedium acaule var. albinos	MAM	localisé
Cypripedium calceolus	COU-EXT	localisé
Cypripedium reginae	COU-EXT	localisé
Cystopteris bulbifera	IAA-COU	localisé
Cystopteris fragilis	?-IAA	localisé
Dactylis glomerata		
Danthonia spicata		
Dentaria diphylla	COU	localisé
Diervilla lonicera	GEN-f	abondant
Draba arabisans	PIC-PAE-IAA	localisé
Draba glabella	EXT	localisé
Draba lanceolata		

Nom scientifique	Localisation	Fréquence
Draba minganensis		
Drosera rotundifolia	COU	localisé
Dryopteris austriaca		
Dryopteris disjuncta	GEN-f	commun
Dryopteris marginalis	COU	localisé
Dryopteris phegopteris	MAM	localisé
Dryopteris spinulosa		
Dryopteris thelypteris		
Elaeagnus commutata	CAO	localisé
Eleocharis parvula		
Eleocharis uniglumis		
Elymus arenarius	BDM	commun
Empetrum atropurpureum		
Empetrum nigrum	BHA-IAA	localisé
Epigaea repens	CIT	commun
Epilobium angustifolium	GEN-o	commun
Epilobium glandulosum	BR2-COU	commun
Epipactis helleborine	CIT	localisé
Equisetum sylvaticum	GEN-f	commun
Erigeron annuus	RSO	localisé
Erigeron compositus	PIC	rare
Eriophorum sp.	TOU	localisé
Erodium cicutarum	MGA	localisé
Erysimum cheiranthoides	MAM	localisé
Erysimum hieraciifolium	CAO-BHA	localisé
Eupatorium maculatum	PAE	localisé
Euphorbia cyparissias	ACO	localisé
Euphorbia helioscopia	BR2	localisé
Euphrasia canadensis	BDM	localisé
Festuca rubra	TOM	abondant
Fragaria americana	GEN-o	abondant
Fragaria vesca		
Fragaria virginiana	BDM	commun
Fraxinus nigra	COU	commun
Fraxinus pensylvanica	ACO	localisé
Fucus bifidus	BDM	commun
Fucus vesiculus	BDM	commun
Gaillardia grandiflora	PAE	localisé
Galeopsis tetrahit	COU	localisé
Galium aparine		
Galium labradoricum		
Galium molugo	PIC	localisé
Galium palustre		
Galium triflorum	CAO	localisé
Gentiana amarella	IAA-ACO-PAE	localisé
Geum macrophyllum	PIC	localisé
Geum rivale	PIC	localisé
Glaux maritima	MSA-IAA	commun
Glyceria melicaria		
Goodyera oblongifolia	CAO-MAM	localisé
Goodyera repens	MAM	localisé
Goodyera tesselata	MAM	localisé
Habenaria dilatata	PIC	localisé
Habenaria hookeri	TOM	localisé
Habenaria hyperborea	PIC	localisé
Habenaria x media	?-CAM	localisé
Habenaria obtusata	CAO	localisé

Nom scientifique	Localisation	Fréquence
Habenaria orbiculata	CAO	localisé
Hackelia americana		
Halenia deflexa	MAM	localisé
Hedysarum alpinum		
Hemerocallis flava	ACO	localisé
Hemerocallis fulva	ACO-BR1	localisé
Hemerocallis sp.	ACO	localisé
Hepatica americana	CIT	commun
Heracleum maximum	GEN-o	commun
Hieracium aurantiacum	GEN-o	commun
Hieracium canadense		
Hieracium florentinum		
Hieracium pilosella	GEN-o	abondant
Hieracium pratense	CAO	commun
Hieracium vulgatum	GEN-o	commun
Hierochloe odorata		
Hordeum jubatum	MGA	localisé
Hypericum perforatum	PIC	localisé
Impatiens capensis	MSA	localisé
Iris setosa	BDM	abondant
Iris versicolor	PAE-MSA	localisé
Juncus alpinus		
Juncus balticus	ACO	localisé
Juncus filiformis		
Juniperus communis	GEN-BDM	abondant
Juniperus horizontalis	GEN	abondant
Kalmia angustifolia	TOU-EXT	abondant
Laminaria longicruris	BDM	commun
Lappula myosotis	SBR	localisé
Larix laricina	TOU-EXT	localisé
Lathyrus japonicus	BDM	commun
Lathyrus palustris	MSA	localisé
Ledum groenlandicum	MOC-TOU	localisé
Lepidium densiflorum		
Ligusticum scothicum	BDM	commun
Lilium tigrinum	PAE-SBR	localisé
Limonium carolinianum		
Limonium nashii	BDM-MSA	commun
Linaria vulgaris	GEN-o	commun
Linnaea borealis	TOM-PIC	commun
Listera cordata	COU	rare
Listera convallarioides	COU	localisé
Lithospermum officinale	COR-PAE	localisé
Lonicera canadensis	COU	localisé
Lonicera tartarica	CAO	localisé
Lonicera villosa	EXT	localisé
Lotus corniculatus	PAE	localisé
Lupinus polyphyllus	CAO	localisé
Luzula campestris		
Lycopodium annotinum	CAO	commun
Lycopodium clavatum	CAO	commun
Lycopodium complanatum		
Lycopodium lucidulum		
Lycopodium obscurum	MAM	localisé
Lycopodium selago		
Lycopus uniflorus	RSO	localisé
Lysimachia terrestris		

Nom scientifique	Localisation	Fréquence
Maianthemum canadense	GEN-f	commun
Malaxis unifolia		
Malus pumila	ACO	localisé
Malva moschata	CAM	localisé
Matricaria matricarioides	BDM-TOM	commun
Matteucia struthiopteris	PAE	localisé
Medicago sativa	PAE	localisé
Melampyrum lineare	PAE	localisé
Melilotus alba	GEN-o	commun
Melilotus officinalis	GEN-o	localisé
Mentha arvensis	PIC	localisé
Mentha canadensis	RSO	localisé
Mentha piperita	CAM	localisé
Mentha spicata	RSO	localisé
Menyanthes trifoliata	EXT	localisé
Mertensia maritima	TOM-BHA	localisé
Mimulus ringens	RSO	localisé
Mitella nuda	IAA-MAM	commun
Moneses uniflora	CAO	localisé
Monotropa hypopitys	PIC	localisé
Monotropa uniflora	MAM	localisé
Myosotis laxa	BHA-ACO-MAM	localisé
Myosotis scorpioides	ACO	localisé
Myrica gale	MDM-ACO	localisé
Nemopanthus mucronatus	TOUR-EXT	localisé
Nepeta cataria	PAE	localisé
Oenothera ammophiloides		
Oenothera biennis	GEN-o	commun
Oenothera muricata		
Oenothera parviflora		
Orchis rotundifolia	COU-EXT	commun
Orobanche uniflora	IAA	rare
Oryzopsis asperifolia		
Osmorhiza depauperata	GEN-f	commun
Osmunda claytoniana	MDM-MAM	commun
Osmunda regalis	COU-EXT	localisé
Oxalis montana	CAO-MDM	commun
Oxalis stricta	MDM	localisé
Oxytropis campestris var. *johannensis*	PIC	localisé
Parnassia glauca	EXT	localisé
Phleum pratense		
Picea glauca	GEN-f	abondant
Picea mariana	TOU	commun
Pinus banksiana	MAM-PIC	localisé
Pinus resinosa	MAM-CIT	localisé
Pinus strobus	MAM-COU	localisé
Plantago juncoides	BDM	commun
Plantago maritima	BDM	commun
Plantago oliganthos	BDM	
Poa alpina		
Poa compressa		
Poa glauca		
Poa pratensis		
Poa saltuensis		
Poa sandbergii		
Poa trivialis		

Nom scientifique	Localisation	Fréquence
Polygonum aviculare		
Polygonum convolvulus	GEN-o	localisé
Polygonum fagopyrum	?-CAO	localisé
Polypodium virginianum	BDM	commun
Polystichum braunii	COU	localisé
Polystichum lonchitis	PIC-CIT	rare
Populus balsamifera	GEN-f	abondant
Populus grandidentata		
Populus nigra	CAM	localisé
Populus tremuloides	GEN-f	abondant
Potentilla anserina	BDM	commun
Potentilla argentea	TOM-PAE	localisé
Potentilla egedii		
Potentilla norvegica	PAE	localisé
Potentilla pectinata	BDM	localisé
Potentilla pensylvanica	TOM	localisé
Potentilla tridentata	COR-GEN-o	commun
Prenanthes altissima	MAM	commun
Prenanthes trifoliolata	CAO	localisé
Primula laurentiana	ACO-MOC	localisé
Prunella vulgaris	GEN	commun
Prunus domestica	MGA	très localisé
Prunus pensylvanica	COR-PIC	localisé
Prunus virginiana	COR	localisé
Pteridium aquilinum	MAM-PIC	commun
Puccinellia langeana		
Puccinellia laurentiana		
Puccinellia lucida		
Puccinellia paupercula		
Pyrola asarifolia	MAM	commun
Pyrola elliptica		
Pyrola minor	PIC	localisé
Pyrola secunda	IAA	commun
Pyrola uliginosa		
Pyrola virens		
Quercus rubra	CIT	localisé
Ranunculus abortivus	?-EXT	localisé
Ranunculus acris	GEN-o	commun
Ranunculus cymbalaria	MSA	localisé
Ranunculus lapponicus		
Rheum officinale	ACO	localisé
Rhinanthus borealis		
Rhinanthus crista-galli	GEN-o	commun
Rhus typhina	CAM	localisé
Ribes glandulosum	BHA	localisé
Ribes grossularia		
Ribes hirtellum		
Ribes lacustre	BHA	localisé
Ribes oxyacanthoides		
Ribes triste		
Rorripa amphibia	?-IAA	localisé
Rosa acicularis		
Rosa blanda		
Rosa eglanteria	ACO	commun
Rosa nitida		
Rosa rousseauiorum	?-ACO	rare
Rosa rugosa	BDM	commun

Nom scientifique	Localisation	Fréquence
Rosa rugosa `Alba´	BDM	commun
Rosa williamsii		
Rubus chamaemorus	TOU-EXT	localisé
Rubus idaeus	GEN-o	commun
Rubus pubescens	PIC-MAM	localisé
Rumex acetosella	GEN-o	commun
Rumex crispus	BHA	localisé
Rumex mexicanus		
Rumex salicifolius		
Ruppia maritima		
Sagina nodosa		
Salicornia europaea	BDM	commun
Salix babylonica	PAE	localisé
Salix bebbiana		
Salix discolor		
Salix lucida		
Salsola kali		
Sambucus pubens	PIC	localisé
Sanguisorba canadensis	ACO	localisé
Sanicula marilandica	IAA-MAM-CIT	localisé
Sarracenia purpurea	EXT	commun
Saxifraga aizoon	ACO-IAA	commun
Saxifraga cespitosa	CAO-MOC	localisé
Saxifraga virginiensis	TOM-IAA-CIT	commun
Schizachne purpurascens		
Scirpus maritimus		
Scirpus rufus		
Scutellaria lateriflora		
Sedum acre	IAA	commun
Sedum purpurea	RSO	localisé
Senecio aureus		
Senecio jacobaea	BHA	localisé
Senecio pseudo-arnica	BHA	commun
Senecio vulgaris	PIC	localisé
Setaria viridis	GEN-o	localisé
Shepherdia canadensis	BDM	commun
Silene cucubalus	GEN-o	commun
Sisymbrium altissimum		
Sisyrinchium angustifolium	GEN-o	commun
Sisyrinchium graminoides		
Smilacina stellata var. crassa	BDM	commun
Smilacina trifolia	COU	localisé
Solidago canadensis		
Solidago graminifolia		
Solidago hispida		
Solidago macrophylla	GEN-f	abondant
Solidago multiradiata		
Solidago sempervirens	MSA-BDM	commun
Sonchus arvensis		
Sorbus americana	GEN-f	commun
Sorbus decora		
Sparganium euryocarpum	?-IAA	localisé
Spartina alterniflora	BDM	commun
Spartina patens	BDM	commun

Nom scientifique	Localisation	Fréquence
Spergularia canadensis	BDM	commun
Steironema ciliatum	RSO	localisé
Stellaria calycantha		
Stellaria graminea	GEN-o BHA	commun
Streptopus amplexifolius	PAE	localisé
Streptopus roseus	MAM	localisé
Suaeda maritima	BDM	commun
Symphoricarpos albus	MAM-IAA	commun
Syringa vulgaris	ACO	très localisé
Taraxacum officinale	GEN-o	commun
Taxus canadensis	PIC-MAM	localisé
Thalictrum confine	ACO	localisé
Thalictrum dioicum	ACO	localisé
Thalictrum pubescens	MSA-PIC	commun
Thlaspi arvense	GEN-o	commun
Thuya occidentalis	TOM	commun
Trientalis borealis	GEN-f	abondant
Trifolium agrarium	PIC	localisé
Trifolium hybridum	PIC	localisé
Trifolium pratense	PIC	commun
Trifolium procumbens		
Trifolium repens	PIC	localisé
Triglochin maritima	IAA-MSA	commun
Trilium cernuum		
Trilium erectum		
Trillium undulatum	COU	localisé
Trisetum spicatum		
Typha latifolia	MSA	commun
Vaccinium angustifolium	GEN-f	abondant
Vaccinium myrtilloides	MDM-GEN-f	abondant
Vaccinium vitis-idaea	GEN-ACO	abondant
Valeriana uliginosa	EXT	localisé
Veratrum viride	CAO	localisé
Verbascum thapsus	PIC	localisé
Veronica americana	ACO	localisé
Veronica chamaedrys	ACO	localisé
Viburnum edule	ACO-MAM	commun
Viburnum cassinoides	EXT	localisé
Vicia cracca	GEN-o	commun
Viola adunca	IAA-PIC	localisé
Viola conspersa		
Viola macloskeyi		
Viola incognita		
Viola renifolia		
Viola septentrionalis	PIC	localisé
Woodsia alpina	PIC	localisé
Woodsia ilvensis		
Woodsia oregana		
Woodsia oregana var. lyallii	RSO	rare
Zannichellia palustris		
Zigadenus elegans		
Zigadenus glaucus	BDM	localisé
Zostera marina	MSA	localisé

84

LES POISSONS

Famille	Genre et espèce	Nom vernaculaire	Famille	Genre et espèce	Nom vernaculaire
Clupéidés	*Clupea harengus*	hareng de l'Atlantique	Zoarcidés	*Macrozoarces americanus*	loquette d'Amérique
Salmonidés	*Salmo salar*	saumon de l'Atlantique	Scrombridés	*Scomber corias*	maquereau blanc
	Salvelinus fontinalis	omble de fontaine	Cottidés	*Myoxocephalus aenus*	chaboisseau à 18 épines
Osméridés	*Mallotus villosus*	capelan	Cycloptéridés	*Cyclopterus lumpus*	grosse poule de mer
	Osmerus mordax	éperlan arc-en-ciel		*Liparis atlanticus*	limace de l'Atlantique
Anguillidés	*Anguilla rostrata*	anguille d'Amérique	Pleuronectidés	*Pseudopleuronectes americanus*	plie rouge
Gadidés	*Micorgadus tomcod*	poulamon de l'Atlantique		*Liopsetta putnami*	plie lisse
	Gadus morhua	morue franche			
	Urophycis chuss	merluche rouge			
Gastérostéidés	*Gasterosteus aculeatus*	épinoche à trois épines			
	Gasterosteus wheatlandii	épinoche tachetée			

LES ORGANISMES MARINS

Ordre	Famille	Genre et espèce	Ordre	Famille	Genre et espèce
Annélides	Neréides	*Nereis virens*	Echinodermes	Echinasterudés	*Henricia sanguinolenta*
	Nephthydidés	*Nephthys ingens*		Astériidés	*Leptasterias polaris*
	Amphicténidés	*Cistenides gouldi*		Ophiolépididés	*Ophiura robusta*
	Arénicolidés	*Arenicola sp.*		Strongylocentrotidés	*Strongylocentrotus droehbachiensis*
Arthropodes	Balanidés	*Balanus balanoides*		Psolidés	*Psolus phantapus*
		Balanus balanus			
	Janiridés	*Jaera marina*			
	Gammaridés	*Gammarus lawrencianus*			
		Gammarus oceanicus			
	Caprellidés	*Caprella linearis*			
	Cragonidés	*Crago septempinosus*			
		Sclerocrangon boreas			
	Paguridés	*Pagarus bernhardus*			
	Cancridés	*Cancer irrotatus*			
Mollusques	Mytilidés	*Mytilus edulis*			
	Tellinidés	*Macoma balthica*			
	Myacidés	*Mya arenaria*			
	Acméidés	*Acmaea testudinalis*			
	Littorinidés	*Littorina littorea*			
		Littorina obtusata			
		Littorina saxatilis			
	Lacunidés	*Lacuna vincta*			
	Aporrhaidés	*Aporrhais occidentalis*			
	Buccinidés	*Buccinum undatum*			
	Aéolididés	*Aeolis papillosa*			

Source : Plan directeur, Parc du Bic, 1987.

LES ALGUES

Classe des Chlorophycées (algues vertes)

Ordre	Famille	Genre et espèce	Ordre	Famille	Genre et espèce
Chlorococcales	Endosphaeracées	*Chlorochytrium inclusum*	Chaetophorales	Chaerophoracées	*Pringsheimiella scutata*
Prasiolales	Prasiolacées	*Prasiola stipitata*			*Pseudendoclonium submarinum*
Ulotrichales	Monostromatacées	*Monostroma grevillei* *Monostroma undulatum*	Acrosiphoniales	Acrosiphoniacées	*Urospora penicilliformis* *Urospora wormskjoldii*
	Percursariacées	*Percusaria percusa*	Cladophorales	Cladophoracées	*Chaetomorpha capillaris*
	Ulvacées	*Blidingia minima* *Enteromorpha compressa* *Enteromorpha flexuosa* *Enteromorpha intestinalis* *Enteromorpha groenlandica* *Enteromorpha prolifera* *Ulva lactuca*			*Chaetomorpha melagonium* *Cladophora sericea* *Rhizoclonium riparium*

Classe des Phaeophycées (algues brunes)

Ordre	Famille	Genre et espèce	Ordre	Famille	Genre et espèce
Ectocarpales	Ectocarpacées	*Ectocarpus confervoides* *Ectocarpus penicillatus* *Ectocarpus siliculosus* *Laminariocolax tomentosoides*	Laminariales	Chordacées	*Chorda filum* *Chorda tomentosa*
	Ralfsiacées	*Ralfsia fungiformis*		Laminariacées	*Agrarum cribrosum* *Laminaria digitata*
	Élachistacées	*Elachista fucicola* *Elachista lubrica*			*Laminaria longicruris* *Laminaria saccharina* *Saccorhiza dermatodea*
	Chordariacées	*Chordaria flagelliformis*		Alariacées	*Alaria esculenta*
Dictyosiphonales	Punctariacées	*Litosiphon pusillus*	Sphacelariales	Sphacelariacées	*Sphacelaria arctica*
	Dictyosiphonacées	*Coilodesme bulligera* *Dictyosiphon eckmanii* *Dictyosiphon foeniculaceus* *Dictyosiphon macounii*	Fucales	Fucacées	*Ascophyllum nodosum* *Fucus edentatus* *Fucus evanescens* *Fucus filiformis*
Scytosiphonales	Scytosiphonacées	*Scytosiphon lomentaria*			*Fucus spiralis* *Fucus vesiculosus*
Desmarestiales	Desmarestiacées	*Desmarestia aculeata*			

Classe des Rhodophycées (algues rouges)

Ordre	Famille	Genre et espèce	Ordre	Famille	Genre et espèce
Nemaliales	Acrochaeriacées	*Rhodochorton purpureum*		Delesseriacées	*Membranptera alata* *Phycodrys rubens*
Gigartinales	Solieriacées	*Turnerella pennyi*		Rhodomelacées	*Polysiphonia flexicaulis*
Cryptonemiales	Squamariacées Hildenbrandiacées Corallinacées Kallymeniacées Choreocolacacées	*Peyssonelia rosenvingii* *Hildenbrandia prototypus* *Lithothamnium lenormandi* *Euthora cristata* *Harveyella mirabilis*			*Polysiphonia subtulissima* *Rhodomela confervoides* *Rhodomela lycopodioides*
Rhodymeniales	Rhodymeniacées	*Rhodymenia palmata*	Bangiales	Bangiacées	*Porphyra linearis* *Porphyra miniata* *Porphyra umbilicalis*
Ceramiales	Céramiacées	*Antithamnion americanum* *Antithamnion boreale* *Anthitamnion cruciatum* *Anthitamnion pacificum* *Ceramium elegans* *Ptilota serrata*			

Source : Plan directeur, Parc du Bic, 1987.

Acarospora fuscata

Anaptychia kaspica

Aspicilia verrucigera

Bacidia epixanthoides

Bacidia inundata

Bacidia obscurata

Bacidia sphaeroides

Buellia punctata

Caloplaca cinnamomea

Caloplaca cirrochroa

Caloplace citrina

Caloplaca flavovirescens

Caloplaca holocarpa

Caloplaca saxicola

Candelaria fibrosa

Candelariella aurella

Candelariella vitellina

Cetraria arenaria

Cetraria ericetorum

Cladina impexa

Cladina mitis

Cladina rangiferina

Cladina stellaris

Cladonia bacillaris

Cladonia capitata

Cladonia cariosa

Cladonia cenotea

Cladonia chlorophaea

Cladonia coccifera

Cladonia coniocraea

Cladonia conista

Cladonia cornuta

Cladonia crispata

Cladonia cristatella

Cladonia cryptochlorophaea

Cladonia deformis

Cladonia digitata

Cladonia farinacea

Cladonia fimbriata

Cladonia furcata

Cladonia gracilis

Cladonia leucophaea

Cladonia maxima

Cladonia multiformis

Cladonia papillaria

Cladonia phyllophora

Cladonia pleurota

Cladonia pocillum

Cladonia pyxidata

Cladonia rei

Cladonia scabriuscula

Cladonia squamosa

Cladonia subulata

Cladonia turgida

Cladonia uncialis

Cladonia verticillata

Collema bachmanianum

Collema leptaleum

Collema polycarpon

Collema undulatum

Coniocybe furfacea

Dermatocarpon moulinsii

Dermatocarpon weberi

Dimerella diluta

Diploschistes muscorum

Diploschistes scruposus

Diplotomna alboatrum

Evernia mesomorpha

Fistulariella roesleri

Haematomma sp.

Huilia crustulata

Hypogymnia physodes

Lecanora beringii

Lecanora castanea

Lecanora cenisia

Lecanora dispersa

Lecanora muralis

Lecanora polytropa

Lecidea berengeriana

Lecidea granulosa

Lecidea uliginosa

Lecidea vernalis

Lecidella stigmatea

Lempholemma myriococcum

Lepraria finkii

Lepraria membranacea

Leptogium cyanescens

Leptogium lichenoides

Leptogium teretiusculum

Micarea bauschiana

Ochrolechia frigida

Pannaria hookeri

Pannaria pezizoides

Parmelia conspersa

Parmelia cumberlandia

Parmelia disjuncta

Parmelia exasperatula

Parmelia omphalodes

Parmelia saxatilis

Parmelia sulcata

Parmelia taractica

Peltigera aphtosa

Peltigera canina

Peltigera collina

Peltigera degenii

Peltigera elizabethae

Peltigera evansiana

Peltigera horizontalis

Peltigera leucophlebia

Peltigera malacea

Peltigera neckeri

Peltigera neopolydactyla

Peltigera polydactyla

Peltigera ponojensis

Peltigera rufescens

Peltigera spuria

Phaeophyscia kairamoi

Phaeophyscia nigricans

Phaeophyscia orbicularis

Phaeophyscia sciastra

Physcia adscendens

Physcia caesia

Physcia dubia

Physcia tenella

Physconia muscigena

Placynthium nigrum

Plastismatia glauca

Polyblastia hyperborea

Polyblastia integrascens

Protobastenia rupestris

Psora rubiformis

Ramalina farinacea

Ramalina intermedia

Rhizocarpon concentricum

Rhizocarpon geminatum

Rhizocarpon geographicum

Rhizocarpon grande

Rhizocarpon lavatum

Rhizocarpon obscuratum

Rhizocarpon tetramerum

Rinodina gennari

Sarcogyne simplex

Solorina saccata

Staurothele catalepta

Stereocaulon alpinum

Stereocaulon condensatum

Stereocaulon paschales

Stereocaulon saxatile

Stereocaulon tomentosum

Usnea barbata

Verrucaria maura

Verrucaria mucosa

Verrucaria nigrescens

Verrucaria nigescentoidea

Xanthoria elegans

Xanthira ramulosa

Xanthoria sorediata

Cette liste fut établie à partir des travaux de Tremblay (1983) et Zoladecki (1985) et publiée dans le plan directeur du parc du Bic (1987).

Amblystegium serpens	Campylium radicale	Grimmia maritima	Plagiopus oederiana
Anomodon attenuatus	Ceratodon purpureus	Grimmia teretinervis	Plagiothecium cavifolium
Anomodon rostratus	Conardia compacta	Gymnostomum recurvirostrum	Plagiothecium denticulatum
Anomodon viticulosus	Desmatodon cerruus	Hedwigia ciliata	Plagiothecium laetum
Barbula reflexa	Desmatodon heimii	Herzogiella turfacea	Pleurozium schreberi
Bartramia pomiformis	Dicranoweisia crispula	Heterocladium dimorphum	Pogonatum alpinum
Brachythecium acuminatum	Dicranum bonjeanii	Hylocomium pyrenaicum	Pohlia cruda
Brachythecium campestre	Dicranum flagellare	Hylocomium splendens	Pohlia nutans
Brachythecium curtum	Dicranum flexicaule	Hylocomium umbratum	Polytrichum juniperinum
Brachythecium erythrorrhizon	Dicranum fragilifolium	Hypnum cupressiforme	Polytrichum piliferum
Brachythecium oxycladon	Dicranum fuscescens	Hypnum fertile	Pseudoleskeella cantenulata
Brachythecium populeum	Dicranium majus	Hypnum imponens	Pseudoleskeella tectorum
Brachythecium reflexum	Dicranium montanum	Hypnum lindbergii	Ptilium crista-castrensis
Brachythecium rutabulum	Dicranium ontariense	Hypnum pallescens	Rhizomnium punctatum
Brachythecium salebrosum	Dicranium polysetum	Hypnum vaucheri	Rhytidiadelphus triquetrus
Brachythecium velutinum	Dicranum scoparium	Leptobryum pyriforme	Rhytidium rugosum
Brotherella recurvans	Distichum capillaceum	Leskeella nervosa	Schistidium obtusifolium
Bryum argenteum	Distichum inclinatum	Mnium ambiguum	Seligeria tristichoides
Bryum capillare	Distichum flexicaule	Mnium marginatum	Shagnum warnstorfii
Bryum caespiticum	Drepanocladus exannulatus	Mnium spinulosum	Tetraphis pellucida
Bryum creberrimum	Drepanocladus uncinnatus	Mnium stellare	Thuidium abietinum
Bryum pallescens	Encalypta ciliata	Neckera pennata	Thuidium delicatulum
Bryum stenotrichum	Encalypta procera	Orthotrichum anomalum	Tortella fragilis
Callicladium haldanianum	Eurhynchium pulchellum	Orthotrichum strangulatum	Tortella norvegica
Campylium chrysophyllum	Funaria hygrometrica	Plagiomnium ciliare	Tortella tortuosa
Campylium hispidulum	Grimmia affinis	Plagiomnium cuspidatum	Tortella ruralis
Campylium polyganum	Grimmia apocarpa	Plagiomnium medium	Zygodon viridissimus

Cette liste fut établie à partir des travaux de Tremblay (1983) et Zoladecki (1985) et publiée dans le plan directeur du parc du Bic (1987).

Barbilophozia barbata	Lepidozia reptans	Plagiochila porelloides	Radula complanata
Bazzania trilobata	Lophocolea heterophylla	Porella platyphylloidea	Razzania tribbata
Blepharostoma trichophyllum	Lophocolea minor	Porella porelloidea	Tritomaria exsectiformis
Conocephalum conicum	Lophozia heterocolpos	Ptilidium ciliare	Tritomaria quinquedentata
Geocalyx graveolans	Marchantia polymorpha	Ptilidium pulcherrimum	

Source : Plan directeur, Parc du bic, 1987

Bibliographie

ABBOTT, R.T. *Guide des coquillages de l'Amérique du Nord. guide d'identification sur le terrain*, Éditions Marcel Broquet, LaPrairie (Québec), 1982, 288 p.

ALLEN, D.L. et coll. *Faune et flore de l'Amérique du Nord.* Sélection du Reader's Digest, Montréal, 1986, 576 p.

AMOSS, W.H. et coll. *Atlantic & Gulf Coasts*. The Audubon Society Nature Guides, Random House, Toronto, 1988, 670 p.

BELZILE, L. *Les porcs-épics et la pinède grise de la montagne à Michaud.* Ministère du Loisir, de la Chasse et de la Pêche. Direction des opérations régionales, Service du loisir, des parcs et des réserves, Parc du Bic, Rimouski. Document n° 12, 1989, 34 p.

BELZILE, L. *Observations sur la flore. Parc de conservation du Bic.* Saisons 1988 à 1992. Ministère du Loisir, de la Chasse et de la Pêche, Direction des opérations régionales, Service du loisir, des parcs et des réserves, Parc du Bic, Rimouski. Document n° 22, 3e édition. 1993, 29 p. et 16 annexes.

BELZILE, L. et coll. *Le programme d'interprétation 1992, parc du Bic.* Ministère du Loisir, de la Chasse et de la Pêche, Direction des opérations régionales, Service du loisir, des parcs et des réserves, Parc du Bic, Rimouski, Document n° 19, 3e édition, 1992, 504 p.

BOUCHARD, A., D. BARABÉ, M. DUMAIS et S. HAY. *Les plantes vasculaires rares du Québec.* Syllogeus n° 48. Musées nationaux du Québec. Ottawa, 1983, 79 p.

CARDINAL, A. et M. VILLALARD. *Inventaire des algues marines benthiques de l'estuaire du Saint-Laurent (Québec)*, Nat. Can. 98(5): 1971, p. 887-904.

DUMAIS, P. *Le Bic, images de neuf mille ans d'occupation amérindienne*, Dossier soixante-quatre. Ministère des Affaires culturelles, Québec, 1988, 111 p.

FAVREAU, R. *Synthèse de la géologie et de la géomorphologie du parc du Bic*. Ministère du Loisir, de la Chasse et de la Pêche, Service du plein air et des parcs, 1988, 118 p.

FLEURBEC. *Plantes sauvages du bord de la mer*. Fleurbec éditeur, Saint-Augustin (Portneuf), 1985, 286 p.

FLEURBEC. *Fougères, prêles et lycopodes*. Fleurbec éditeur, Saint-Henri-de-Levis (Québec), 1993, 511 p.

FORTIN, D. et M. FAMELART. *Arbres, arbustes et plantes herbacées du Québec et de l'est du Canada*, Tome 1. Éditions du Trécarré, Saint-Laurent (Québec), 1989, 195 p.

FORTIN, D. et M. FAMELART. *Arbres, arbustes et plantes herbacées du Québec et de l'est du Canada*, Tome 2. Éditions du Trécarré, Saint-Laurent (Québec), 1990, 313 p.

LECLERC, R. *Guide d'identification des algues marines de l'estuaire du Saint-Laurent*. Groupe d'animation en sciences naturelles du Québec, inc., Saint-Romuald (Québec), 1987, 180 p.

MARIE-VICTORIN (Frère). *La flore laurentienne*, 2e édition, Les Presses de l'Université de Montréal, 1964, 925 p.

POMERLEAU, R. et coll. *Parc du Bic, le plan directeur*. Ministère du Loisir, de la Chasse et de la Pêche, Direction de l'aménagement Service des plans directeurs. Québec, 1987, 315 p.

SMITH, P.J. et coll. *La terre*. Armand Collin, Paris, 1987, 252 p.

ZOLADECKI, K. *Étude phyto-écologique du cap Enragé*, Parc du Bic. Rapport interne, Ministère du Loisir, de la Chasse et de la Pêche, Gouvernement du Québec, 1985, 96 p.

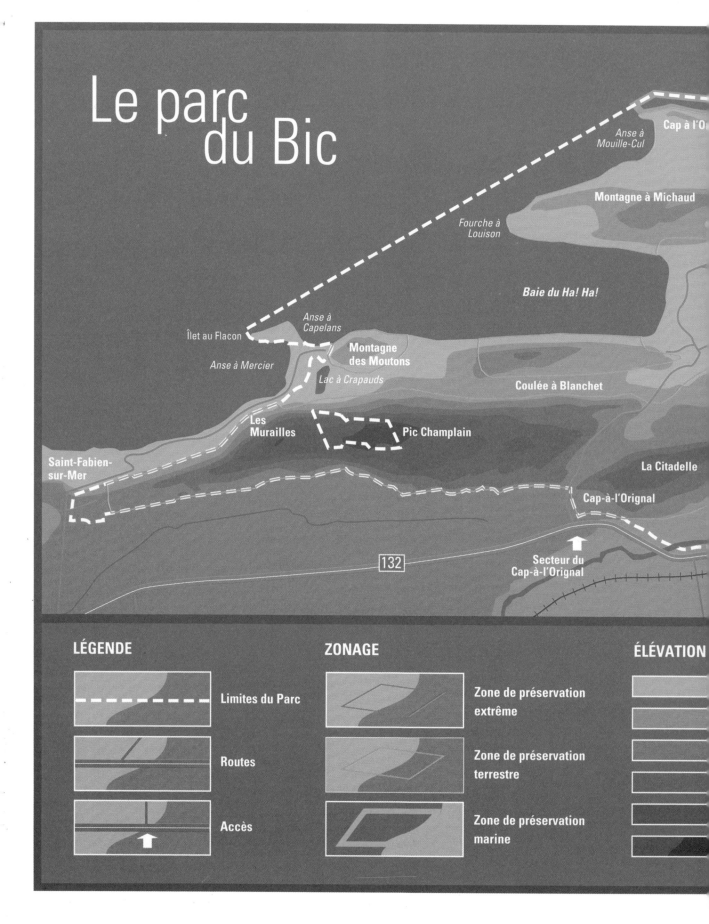

Le parc du Bic

Anse à Mouille-Cul

Cap à l'O

Montagne à Michaud

Fourche à Louison

Baie du Ha! Ha!

Anse à Capelans

Îlet au Flacon

Montagne des Moutons

Anse à Mercier

Lac à Crapauds

Coulée à Blanchet

Les Murailles

Pic Champlain

Saint-Fabien-sur-Mer

La Citadelle

Cap-à-l'Orignal

132

Secteur du Cap-à-l'Orignal

LÉGENDE

Limites du Parc

Routes

Accès

ZONAGE

Zone de préservation extrême

Zone de préservation terrestre

Zone de préservation marine

ÉLÉVATION